德国比较法学研究
历史与方法论

朱淑丽 著

上海社会科学院出版社

导　　言

德国比较法学在世界法学界占有重要位置。德国比较法学的发展形态相当完备,其各个阶段在世界比较法学领域都富有代表性。德国法有"法学家法"之称。这一点体现在比较法学领域也相当突出。因为比较法不同于部门法学,它的历史本质上就是一部学术史,完全为比较法学者所缔造。因此,德国学者体系化的思考方式以及踏实严谨的学术传统在这一领域得到尽情的挥洒,这一优势使他们得以长期引领世界比较法学的潮流。

本书以德国为核心,考察比较法学的成长、实践和发展历史,并以方法论为重点,从社会学和法哲学角度描述这门学科的发展脉络,旨在揭示西方比较法学的发展规律。

本书共分为八章,两个层面。前五章着重叙述德国比较法学的各个发展时期和社会实践。后三章则从具体上升为抽象,重点考察德国比较法学的方法论,即功能主义,并以社会学和法哲学视角,揭示比较法学研究范式的转向、反形式主义进路及其背后的深层原因。

第一章,近代德国比较法学的发展演变。比较法学曾受占主导地位的各个法学流派的阻遏而发展迟缓,学术上对比较法的态度是冷淡以至于坚决排斥。比较法学在其发展早期的任务是获得承认,为自己作为独立的法学分科在法学界争得一席之地。同时,这一时期,比较法对主流法学既反抗又依赖,这种矛盾性,给它其后的各个发展阶段打上了鲜明的烙印。

第二章,当代德国的比较法学。随着第二次世界大战的结束,德国比较法学重新走上正轨。经过半个世纪的繁荣发展,德国比较法取得了骄人的成绩,在法学殿堂里赢得了举足轻重的地位和人们的尊重。不仅如此,近十几年来,德国比较法学还走出了纯学术的象牙塔,在社会实践中发挥着日益显著的作用。

第三章，比较法学者对"共同欧洲私法"的推动。欧洲一体化进程为欧盟私法统一提供了可能性，而共同体立法所存在的严重缺陷又使统一成为必要。这种现实基础与欧洲比较法学的历史传统交汇，迅速促生了《欧洲民法典》运动。欧洲民法学者纷纷以比较法研究为依托，展开形式多样的学术工作，积极推动共同欧洲私法的实现，终于使一项乌托邦式的学术构思发展成为一种不可阻挡的趋势。

第四章，茨威格特和克茨的《比较法总论》。本章对当代德国比较法学的典范之作《比较法总论》进行微观考察。

第五章，20世纪末德国比较法学的新发展。最近20多年，随着文化研究的升温，对法律进行文化解释逐渐成为法律研究的一种主导范式。此外，西方法理学的各个学派都在不同程度上受到后现代思潮的影响。后现代法学随之兴起，并成为西方法哲学的主要趋势。西方比较法学界中一些更为激进的学者也将后现代主义理论引入到比较法研究中。本章着重描述这股思潮在比较法学中的表现。

第六章，西方比较法学中的功能主义。功能主义在比较法学科中是一种人人耳熟能详，然而却未予深究的研究方法。本章着重对功能主义比较法近百年的历史进行分析性和解说性回顾，意图追本溯源地勾勒出其发展脉络和规律。

第七章，研究范式的后现代转向及其限度。本章着重考察西方比较法学中的后现代转向。这次转向对主流范式展开批判，并提出替代性方案，其目的是将比较法确立为一门"纯粹的科学"。然而，由于方法论上存在致命缺陷，它最终未能推动比较法学发生真正的变革。

第八章，比较法学中的反形式主义进路。作为结束和概括，本章以法哲学的发展脉络为线索，描述和解析西方比较法学中的反形式主义进路。这个过程表现为一个形式主义程度逐渐递减和非形式主义程度逐渐递增的连续谱。这个进路日益突出了比较法学作为一门理论性学科的维度，而减弱了它作为一门实践性学科的特质，结果造成了该学科在理论和实践之间出现一些分裂。

目　　录

导言 ………………………………………………………………… 1

第一章　近代德国比较法学的发展演变 ……………………… 1
　　第一节　比较法学的早期发展 ……………………………… 1
　　　　一、比较法学的起点 ……………………………………… 3
　　　　二、法哲学对比较法学的影响 …………………………… 4
　　　　三、比较法学的发轫阶段 ………………………………… 9
　　　　四、"比较法律科学"学派 ……………………………… 12
　　第二节　比较法学的现代转型和兴盛发展 ………………… 15
　　　　一、德国比较法学的现代转型 ………………………… 15
　　　　二、比较法学的兴盛发展 ……………………………… 18
　　第三节　比较法学的停滞 …………………………………… 24

第二章　当代德国的比较法学 ……………………………… 27
　　第一节　比较法研究机构、杂志和学会 …………………… 28
　　第二节　比较法的研究方法 ………………………………… 30
　　　　一、功能比较方法 ……………………………………… 30
　　　　二、跨学科研究方法 …………………………………… 31
　　　　三、经济学与比较法 …………………………………… 33
　　第三节　比较法的研究范围 ………………………………… 35
　　　　一、社会主义法系 ……………………………………… 35
　　　　二、非洲和东欧国家 …………………………………… 36

1

三、公法领域 ·· 37
　　四、宏观比较领域 ·· 39
 第四节　比较法的功能 ·· 41
　　一、协助立法 ·· 41
　　二、筹备法律的协调和统一 ·································· 42
　　三、帮助法官进行司法解释 ·································· 42
 第五节　比较法的追求目标——"欧洲共同法" ··············· 44
 第六节　比较法和法律教育 ······································ 45

第三章　比较法学者对"共同欧洲私法"的推动 ················ 49
 第一节　欧盟对私法的干预使"共同法"成为可能 ············ 51
 第二节　欧盟立法的严重缺陷使"共同法"成为必要 ········· 53
 第三节　围绕《欧洲民法典》的争论 ···························· 54
　　一、对《欧洲民法典》的基本立场 ·························· 55
　　二、关于民法典的实质方面 ·································· 57
 第四节　构建《欧洲民法典》文本 ······························ 59
　　一、欧洲合同法委员会及其工作成果 ······················ 59
　　二、《欧洲民法典》研究组 ·································· 60
 第五节　缔造共同法律文化 ······································ 61
　　一、法学研究 ·· 62
　　二、法学教育 ·· 63

第四章　茨威格特和克茨的《比较法总论》 ···················· 66
 第一节　功能比较方法 ·· 67
　　一、功能比较的出发点 ······································· 68
　　二、问题性思考和调查的范围 ······························· 69
　　三、"类似的推定"——功能比较方法的基础 ············· 70
　　四、"比较的第三项"与比较体系的建立 ·················· 71
 第二节　法系划分理论 ·· 73

一、对以往理论的批判 ……………………………… 74
　　二、样式理论 ………………………………………… 74
　　三、法系划分的相对性原理 ………………………… 75
　第三节　对西方法系的"深度描绘" …………………… 77

第五章　20世纪末德国比较法学的新发展 ……………… 81
　第一节　发展背景 ………………………………………… 81
　第二节　后现代主义者对传统比较法的批判 …………… 82
　　一、对功能主义的批判 ……………………………… 83
　　二、对传统比较法追求目标的批判 ………………… 85
　　三、对传统比较法分类的批判 ……………………… 88
　第三节　德国比较法新方向的开创——"文化比较" … 90
　　一、弗兰肯伯格的"批判性比较" ………………… 91
　　二、格罗斯菲尔德的跨学科研究 …………………… 95

第六章　西方比较法学中的功能主义 …………………… 102
　第一节　功能主义的出现 ………………………………… 103
　　一、背景 ……………………………………………… 103
　　二、新方法的提出 …………………………………… 104
　　三、方法论的来源 …………………………………… 105
　　四、方法论的核心要素 ……………………………… 106
　第二节　功能方法的成长与深化 ………………………… 108
　　一、正统地位的确立 ………………………………… 108
　　二、理论的成长 ……………………………………… 109
　　三、理论的深化 ……………………………………… 113
　第三节　功能主义的实践性力量 ………………………… 116
　　一、广泛应用 ………………………………………… 116
　　二、具体应用中的矛盾 ……………………………… 117
　第四节　后现代主义的挑战 ……………………………… 121

3

一、背景 ………………………………………………… 121
　　二、批判性比较 ………………………………………… 123
　　三、解释学活动 ………………………………………… 124
　　四、后现代主义的特质和局限 ………………………… 125
　第五节　对后现代批判的回应 ……………………………… 126
　第六节　结论 ………………………………………………… 128

第七章　研究范式的后现代转向及其限度 ……………………… 129
　第一节　研究方法上从偏好"共性"转向强调"特殊性" … 130
　第二节　研究目标上从实践转向认识 ……………………… 135
　第三节　在学科的发展逻辑上将反形式主义进路推向极致 … 138
　第四节　效果上加剧了理论与实践之间的分裂 …………… 140

第八章　比较法学中的反形式主义进路 ………………………… 143
　第一节　反形式主义的起点 ………………………………… 144
　第二节　以社会学为导向的反形式主义 …………………… 146
　　一、社会条件的转变 …………………………………… 146
　　二、功能方法的反形式化因素 ………………………… 147
　　三、形式化因素的保留 ………………………………… 148
　第三节　以人文学科为导向的反形式主义 ………………… 150
　　一、新形式主义的勃兴以及后现代的"逆势挑战" …… 150
　　二、研究目标上的反形式主义 ………………………… 152
　　三、研究方法上的反形式主义 ………………………… 152
　第四节　反形式主义的效果 ………………………………… 153

主要参考文献 ……………………………………………………… 157

第一章　近代德国比较法学的发展演变

茨威格特(Konrad Zweigert)和克茨(Hein Kötz)在合著的《比较法总论》中将比较法的根源分为两个,一个是"立法比较法",另一个是"学术理论的比较法"。① 前者是比较法学在立法中的运用和体现,后者是作为学术分科的比较法。

第一节　比较法学的早期发展

所谓立法比较法,是指为了创制本国新法律而参考外国法所进行的比较研究。德国的立法比较法大约发轫于 19 世纪中叶的初期。当时,德国正日益强烈地追求法典编纂和国内法律的统一,立法比较法正是在这一背景下开始起步的。

德国的立法比较法滥觞于商法领域。商法所具有的特性(它相对于其他部门法具有更少的伦理性而富于技术性)以及当时统一市场的需要,使德国商法领域的统一最为迫切、也最有可能率先实现。1848 年《普通票据法》、1861 年《普通商法典》,都运用了比较法研究,比较的范围不仅包括德国各个地区的法律,还包括欧洲其他国家的商法典,如《法国商法典》和《荷兰商法典》。

---

① 参见[德]K·茨威格特、H·克茨:《比较法总论》,潘汉典等译,法律出版社 2003 年版,第 76 页。

后来,立法者越来越认识到,从比较法方面拟就一般报告或者特别地以专家鉴定的方式提供资料,对于立法工作来说必不可少。因此,利用立法比较法不限于商法领域,比较法的准备工作几乎在所有重大的立法计划中都可以看到,其中特别值得提及的是比较法在德国刑法改革中的运用。

1902年,受德国司法部的委托,几乎所有著名的德国刑法学家参与组成了一个委员会,其任务是为改革帝国刑法典准备一部附有比较法理由的提案,它要求对所有可能的刑法资料进行比较研究,并批判性地正确判断由此而得出的结果,最终为帝国刑事立法提供建议。委员会前后历经近7年时间,终于完成了一部学术作品,即《德国刑法和外国刑法的比较阐述》。这个鸿篇巨制于1909年出版,全集共16卷,其中6卷为总则部分,9卷为分则部分,最后一卷为一个详细的内容索引。[①] 它是德国比较法发展初期的一部不朽的著作,其非同寻常的重要性得到普遍的承认。

大约10年后,沃尔夫冈·米特尔迈尔(Wolfgang Mittermaier)、黑格勒尔(August Hegler)和科尔劳什(Eduard Kohlrausch)在所草拟的《德国普通刑法典草案》(1912)中,再度运用外国法和比较法阐明重大的刑事政策问题、国际刑法问题和某些有激烈争议的个别犯罪行为的事实构成问题。

从1900年1月1日起完成德国私法统一的《德国民法典》,更能说明立法比较法在其中的成功运用。在这个法典的编纂过程中,专家们曾仔细地分析了德国各州适用的法律,特别是普通法和普鲁士法以及在莱茵、巴登地区适用的民法典,而且几乎在每一项重大问题上,还对奥地利法和瑞士法进行深入的比较研究。总之,比较法学在德国的立法实践中证明了自己的重大价值。继上述概括介绍"立法比较法"之后,现以时间为序,重点探讨作为学科理论的德国比较法的发展历史。

作为学术分科的比较法,是指为了更好地认识法律,而对不同的法律制度进行的比较研究。[②]

[①] 参见[德]弗兰茨·冯·李斯特:《德国刑法教科书》,徐久生译,法律出版社2000年版,第88页。

[②] 参见[德]K·茨威格特、H·克茨:《比较法总论》,潘汉典等译,法律出版社2003年版,第76页。

第一章 近代德国比较法学的发展演变

与前述立法比较法的广泛应用相比,德国比较法学的发展并不顺利。立法比较法,因为有国家统一法律的现实需要,因而获得了强大的推动力;而作为法学家个人精神产品的比较法学,其发展一方面以可资比较的数个国家法律秩序的存在为前提,另一方面还深受各个时代精神价值倾向的影响。这种天生的依赖性决定了比较法学成长历程中的脆弱性。

具体地说,20世纪以前的德国比较法学,由于身受占主导地位的各个法学流派的阻遏而发展迟缓,学术上对比较法的态度是冷淡以至于坚决排斥。比较法学在这一时期的任务是获得承认,为自己作为独立的法学分科在法学界争得一席之地。同时,这一时期,比较法对主流法学既反抗又依赖。这种矛盾性,给它其后的各个发展阶段打上了鲜明的烙印。

一、比较法学的起点

格特里奇(Harold Cooke Gutteridge,1876—1956)和达维德(René Ddvid,1906—1990)认为,实际意义上的比较法始于近代初期的莱布尼茨(Gattfried Wilhelm Leibniz,1646—1716)和孟德斯鸠(Baron de Montesquieu,1689—1755)。[①] 茨威格特和克茨虽然没有明确德国比较法学的起点,但对莱布尼茨在比较法上的贡献评价甚高,认为他"自己虽没有在实践上从事比较法研究,但是有力地倡导了比较法"[②]。而开创比较法学的,并不一定是严格意义上的比较法学家。据此,若说德国比较法学始于莱布尼茨,也并非笔者牵强附会之言。

莱布尼茨是德国著名的哲学家、法学家,曾从事司法工作,撰写过法学论著。能够表现其比较法思想的,是他在1687年出版的一部论著——《法学教育的新任务》。在此书中,他设计了一个以新方法实行法学教育的方案。他认为,一个优秀的法律家应该立足于历史和哲学,在法的研究中适用伦理学、逻辑学以及形而上学的方法,尤其有必要从世界历史观点出发,了解其他各主要民族的法,特别是日耳曼法。为此,他草拟了一个关于比较叙述一切民族、国

[①] 参见[日]大木雅夫:《比较法》,范愉译,法律出版社1999年版,第35页。
[②] 参见[德]K·茨威格特、H·克茨:《比较法总论》,潘汉典等译,法律出版社2003年版,第75页。

家和各个时代的法律,以建造一个"法的剧场"的计划(theatram legale)。① 这是一个普遍法通史的提案。他认为,正因为普遍法通史才是法制史的真正框架,所以各个民族的法制史只是其辅助手段,乃至必要条件而已。

莱布尼茨所处的时代,正是欧洲法学从普遍法到国家法转变的初期。在17世纪以前的欧洲各大学,法学都是指罗马法、教会法或自然法,这些都是具有普遍性的法,由此产生了诸大学的共同法(droit commun des universités)。然而到了17世纪,欧洲法学的统一性日益衰退,本国法的教育在各大学中渐有后来居上之势。18世纪以后,法学的视野开始在民族或国家的框架中逐渐展开。再以后,随着各国形形色色的法典的出现,以民族主义为基础的多样的实定法律秩序形成,法学也走向了国家化。最后,曾几何时一元化的法学分裂为复数的法学,从此实定法的知识不再跨越国境。

比较法学的出现,在一定意义上正是对法学的这种狭隘性的反抗,并力图使各国法学克服特殊性、封闭性,实现欧洲法学普遍性和统一性的理想。②

风起于青蘋之末。17世纪开始的欧洲法学的细微变化已经显露出后来法学趋势的某些端倪。作为法学家的莱布尼茨,是否敏感地察觉到了这种时代气息的转变,才有意识地主张比较法的研究?对此,笔者并没有确切的证据。但是他率先在其著作中倡导比较法的理论价值,基于此,若说他是德国比较法学的先驱,应该当之无愧。

然而,莱布尼茨点燃的星星之火,并没有在德国形成比较法学的燎原之势。相反,此后在德国流行的各种法学思潮,都在不同程度上阻碍着比较法学的发展。

二、法哲学对比较法学的影响

此处用较大篇幅说明法哲学对比较法的影响,旨在介绍德国比较法发轫时的艰难背景,同时也试图为解释贯穿本书始终的比较法对主流法理学的依

---

① 参见[日]大木雅夫:《比较法》,范愉译,法律出版社1999年版,第36页。
② Anne Peters, Heiner Schwenke, "Comparative Law Beyond Post-Modernist", in: *International and Comparative Law Quarterly* (2000), vol. 49, p. 803.

赖关系奠定基础。

(一) 各学派的消极作用

19世纪,法律的统一是德国最迫在眉睫的课题之一,对法学家们来说尤其如此。因此,他们的学术研究几乎完全集中于本国法律领域之内。而且,德国占主导地位的各法学流派又强化了这种倾向,这对比较法学产生了不利的影响。这些学派依次是历史法学、概念法学、实证主义法学以及新康德学派等。现以历史法学派为例简要说明。

比较法需以存在数个国家的法律秩序为前提。而以萨维尼(Friedrich Carl Von Savigny,1779—1861)为代表的历史法学派却把成为国家法律秩序之基干的自然法法典作为"非有机的"东西加以排斥,认为"有机的"法的形成必须依靠民族信念才能实现。具体地说,就是认为应当从习惯法、判例及学说的作用出发。在这里,可以把法视为在无限深厚的民族意识指引下的民族精神的产物。萨维尼及其学派因此拒绝研究罗马法和日耳曼法以外的任何法律,包括以《法国民法典》为代表的各种自然法法典,而将其所谓的民族精神与罗马法等量齐观,只满足于埋头构筑罗马法原理学。① 因而,萨维尼及其历史法学派所倡导的方法论及民族精神大大局限了德国法学的研究范围。

不仅如此,历史法学派还强烈反对对各国法进行比较。在萨维尼看来:"试图把这种比较的观点应用于各个场合的工作,或许会使人想起听战争故事时总是在追问谁是好人谁是坏蛋的小孩子的感情。"②德国比较法学的先驱者之一,费利克斯·迈耶尔(Felix Meyer)于1894年也回顾道,主流学科"叹息(比较法学)是半吊子主义和乌托邦工程,(它们)从罗马法的高处悲悯地俯瞰比较法,就如同《圣经》面对着蹩脚的戏剧底稿"。③

历史法学派狭隘的民族主义的法律观以及封闭的方法论,对在它之后登

---

① 参见[德]K·茨威格特、H·克茨:《比较法总论》,潘汉典等译,法律出版社2003年版,第76页。
② 参见[日]大木雅夫:《比较法》,范愉译,法律出版社1999年版,第46页。
③ Anne Peters, Heiner Schwenke, "Comparative Law Beyond Post-Modernist", in: *International and Comparative Law Quarterly* (2000), vol. 49, p. 806.

场的"潘得克顿法学(Pandektenwissenschaft)"(又称"概念法学")和实证主义法学,都产生了很大的影响。这两个学派也都没有给比较法学创造良好的气候。尤其是实证主义法学,在它看来,只有实在法才是法律,而所谓实在法,就是国家确立的法律规范。因此它不仅把法律研究锁定在本国范围以内,而且进一步将法学的任务限定在分析和剖析实在法律制度的范围之内。[①] 这两个学派,除了在方法论上根本排斥比较法外,还拒不承认比较法在法律学科上享有任何恰当的地位。多数人或蓄意或无意地把比较法看作是少数孤僻者的奥秘的游戏。[②]

上述法学流派,都在不同程度上激发和强化了德国的民族主义的法律观,使德国法学的视野日益狭隘。特别是在法典编纂完成后,德国法学家们更进一步将法学研究的焦点转移到"自己国家的"法律秩序上面,越来越把本国法律"放在一个本质上来源于德国普遍法学说的封闭式的教条主义概念体系装置里面"[③],把它作为一个自给自足的法律体系加以专心致志的研究,同时鄙视或忽视其他国家和地区的法律,从而长时期地把比较法学拒之门外。

(二)费尔巴哈、黑格尔、耶林等的推动作用

就在德国法学的民族狭隘性日益剧烈,以历史法学为代表的诸学派又不断强化这种狭隘性的同时,对德国法学现状的批判以及对历史法学的批判也始终持续不断。这些批判者中最著名的是几位德国伟大的法哲学家——费尔巴哈(Paul Johann Anselm Von Fauerbach,1775—1833)、黑格尔(Geory Wilhelm Friedrich Hegel,1770—1831)以及耶林(Rodolph Von Jhering,1818—1892)。他们和莱布尼茨一样,都不是严格意义上的比较法学家,然而却积极地为比较法学开创道路。

---

① 参见[美]E·博登海默:《法理学:法律哲学与法律方法》,邓正来译,中国政法大学出版社1999年版,第116页。
② 参见[德]K·茨威格特、H·克茨:《比较法总论》,潘汉典等译,法律出版社2003年版,第80页。
③ 参见[德]K·茨威格特、H·克茨:《比较法总论》,潘汉典等译,法律出版社2003年版,第78页。

1. 费尔巴哈

对德国法学的民族狭隘性表示不满而率先对其发难的是费尔巴哈。1810年,费尔巴哈对"德国法学家"提出批评,他说,"他们所有的学术研究援引的只是国产的或者本土的(native or naturalised)";他质问道:"生物学家有他们的比较生物学,那么为什么法学家没有自己的比较法?"[1]

费尔巴哈认为,所有经验科学的一切发现,其根源都在于比较和综合,再没有比这更丰富的源泉了;一个事物只有在同许多其他事物进行对比后,才可能变得真正清晰明确,也只有通过显示它与其他事物的相似与区别,其特点和本质才能被揭示出来。如同语言学来自语言比较,因此,如果普遍法学要给法律学术的特有形式赋予生命力和提供支持,它就需要将其他国家在所有时代、所有地区的法律和法律实践进行比较,将其中最相似与最不同者进行比较。他认为,一个人必须"注意其他民族,细察他们的法律及法律实践,来培养他对自己国家法律的敏锐感觉,学会用新眼光审视它,甚至运用新资料充实它、丰富它"。[2]

费尔巴哈提出的以广泛的比较法作为普遍法律科学之基础的要求,使他和萨维尼及其历史法学派发生了不可调和的矛盾冲突。他认为萨维尼的观点,即应将德意志法(等同于罗马法)作为研究的中心,太过狭隘,因而坚决拒斥。在蒂堡(Anton Friedrich Justus Thibaut,1772—1840)与萨维尼关于法典化的可能性与必须性的著名论战中,他积极支持蒂堡,并赞同蒂堡对历史法学的批评:"10次论述波斯或中国法律概念的有活力的演讲,将比100次关于从奥古斯都到查士丁尼无遗嘱继承的可鄙又拙劣的法律演讲,更能激发真正的法学智慧。"[3]

2. 黑格尔

黑格尔也发起了对萨维尼的民族精神及其封闭性的民族法观念的反击。

---

[1] Walther Hug, "The History of Comparative Law", in: *Harvard Law Review* (1931), vol. 45, p. 1054.
[2] Konrad Zweigert, Hein Kötz, *An Introduction to Comparative Law* (1998), Tony Weir (trans.), 3rd ed., Clarendon Press, pp. 52-53.
[3] Konrad Zweigert, Hein Kötz, *An Introduction to Comparative Law* (1998), Tony Weir (trans.), 3rd ed., Clarendon Press, p. 53.

在黑格尔看来,民族只是向国家过渡的一个阶段,只有国家才能实现绝对理性及伦理的、法的理念。由此可见,较之作为民族的自发产物的习惯法,由国家自觉创造的制定法更应该受到重视;而且,法只是以纯粹科学乃至抽象概念构成的哲学性建构的出发点,法学是哲学的一个部门,实定法的历史或原理学等,无非只是构筑各科学概念的前提条件而已。因此,为了发展这些科学概念,只了解德国法或罗马法的一部分是远远不够的,即使只是为了发展抽象的法学概念,也有必要全面认识每个民族和各个时代的法。基于这种认识,黑格尔的法哲学要求法的研究应超越民族、超越国家,具有世界性的视野。

黑格尔的法哲学理论,促进了19世纪中后期德国的比较法学。他曾经排除了萨维尼的强烈反对,推举自己的弟子冈斯(Eduard Gans,1798—1839)成为柏林大学教授。后者也激烈地批判历史法学所陷入的史实诠索的方法,并将黑格尔的理论用于比较法学。

3. 耶林

不久,耶林也对德国法律科学堕落成为国土法学的现状慨叹不已,在《罗马法的精神》中,他写道:"对于学问,这是一种卑躬屈膝的有失身份的形象!"[1]

他激烈地批判了把民族性的思想奉为法形成的唯一的排他的原理,并陷入极端的罗马法崇拜的历史法学派。他认为,如果科学不把普遍性的思想与民族性的思想作为同质之物一视同仁、并行不悖,就无法把握科学自身所处的世界。而要克服法学的狭隘性,"今后确保法学曾经长期保有的普遍性的特性,作为比较法学以另一种形式表现,这就只能依靠法学自身。它的方法将是另一种方法,它的眼界将是更广阔的;判断将是更成熟的,对资料的处理将不受约束;而表面上的丧失(即罗马法的形式上的共同性)实际上却是对法学真正的帮助,把法学提升到更高一级的学术活动"。[2]

茨威格特曾先后撰文《耶林对于比较法方法的重要性》(1970)、《耶林对比较法方法发展的影响》(增补本英文版,1971),盛赞耶林对比较法学做出的巨

---

[1] 参见[德]K·茨威格特、H·克茨:《比较法总论》,潘汉典等译,法律出版社2003年版,第67页。

[2] 参见[德]K·茨威格特、H·克茨:《比较法总论》,潘汉典等译,法律出版社2003年版,第67页。

大贡献。他认为:"如果没有耶林为其辩护和贯彻的生活现实的法律学说与目的论的方法,那么,现代比较法如同现实中那样得到发展是不可能想象的。"①

在上述法哲学家的倡导和推动下,德国有一小部分法学家一方面出于改革与完善本国法律的目的,另一方面出于对外国法律毫无偏见的客观态度和对外国法律知识的自然的兴趣,开始对不同的法律进行有目的、有系统的比较研究。

三、比较法学的发轫阶段

1. 概况

撇开历史上孤立的个人对比较法的研究不谈,德国比较法作为有组织的学术活动开始于19世纪早期。其发轫阶段大致从1814年(这一年,蒂堡发表《论制定一部统一的德国民法的必要性》的论文,号召德国模仿法国进行法典编纂)持续到19世纪三四十年代(这时期大多数比较法理论家相继去世)。②

这一阶段德国对外国法和比较法进行研究的直接动机,来自莱茵和巴登地区对《拿破仑法典》的继受。德国南部的海德堡大学则是这一阶段德国比较法的中心,并围绕着作为精神领袖的费尔巴哈的弟子、德国法学家米特尔迈尔(Karl Joseph Anton Mittermaier, 1787—1867)形成了一个学术团体。这批学者的眼界并不局限于被德国采用的外国法,而是延伸到所有现代法。他们熟谙罗马法、日耳曼法及其对现代法律的影响,他们相信任何文明国家的法律发展和法律科学都很重要,也应该对任何其他国家的法学家有极大的吸引力。

虽然一开始,比较法学者的任务主要是理解和学习《法国民法典》,但由于蒂堡与萨维尼的那场著名的论战使蒂堡的建议完全破灭,因而给这方面的研究以及影响都投上了浓厚的阴影。后来,这个学术团体的活动远远超出对这一问题的关心,而把当时世界存在的所有法律秩序都包括进去。

---

① 参见[德]K·茨威格特、H·克茨:《比较法总论》,潘汉典等译,法律出版社2003年版,第81页。
② William Ewald, "Comparative Jurisprudence (Ⅰ): What Was It Like to Try a Rat?", in: *University of Pennsylvania Law Review* (1995), vol. 143, p. 2119.

2. 比较法期刊的创办

米特尔迈尔感到有必要开阔德国法学家的视野，因此与他在海德堡大学的同事萨查里阿(Karl Salomo Zachariae,1769—1843)一起，在一些外国法学家的合作下，共同创刊了《外国法学与立法评论》。这是世界上第一份比较法期刊。萨查里阿在创刊号上著文说明了刊物创办的目的："如果从这个关于当今欧洲各民族之间的文献交流情况和欧洲各国目前法律状态的概览中，我们能够推论说，在任何一个欧洲国家出现的立法或者法学情况，也或多或少引起其他的欧洲各国和民族的关心，那么，这个期刊的计划，即试图使德国读者便于了解外国的法学著作，也就无须解释了。"①

这份期刊，在通报外国法制的信息方面做出了极大的贡献。从1829年创刊到1856年停刊，《外国法学与立法评论》(简称《评论》)一共出版了28卷，这些多卷本的《评论》"差不多完完全全地将在几乎30年发展运动中的外国立法和法学状态的概览再度展示出来"②，为本国法与外国法进行比较研究提供了方便之门。

3. 米特尔迈尔的研究成果

出于实际需要的目的，蒂堡、萨查里阿及其他一些法学家也都对外国法，例如对法国私法进行研究，但是这些研究从严格意义上说都不是真正的比较法。

真正称得上比较法学家，把比较法作为对不同的法进行体系对比和比较评价的，是米特尔迈尔。他和费尔巴哈一样，都是德国著名的刑法和刑事诉讼法学家。米特尔迈尔精心致力于比较法研究，是为了德国普通法的刑事诉讼改革。其主要研究成果有：《从普通实在法和法国刑事立法规定考察德国刑事诉讼上的证据理论》(1809)、《从法院惯例与德国法典的发展观察德国刑事诉讼上的证据学说同英国和法国刑事诉讼程序观点的比较》(1834)、《言词原则、追诉原则、公开原则和陪审法院与在各国法典中它们的实施情况，并且根

---

① 参见[德]K·茨威格特、H·克茨：《比较法总论》，潘汉典等译，法律出版社2003年版，第81页。

② Walther Hug, "The History of Comparative Law", in: *Harvard Law Review* (1931), vol. 45, p. 1058.

据法律的要求和适当性并顾及各国经验的检讨》(1845)、《德国刑事诉讼在法院惯例中的发展以及同英国法国刑事诉讼的详细比较》(第四版,1845、1846)、《英格兰、苏格兰和北美的刑事诉讼同政治、伦理和社会状况的关系及法律习惯的个别性》(1851)、《关于欧美重罪法院的实效及其优点、缺陷与改善》(1864、1865)。

由以上详细列举的著述题目可见,米特尔迈尔的比较法研究集中于刑事司法领域,所比较的法律,不仅超出欧洲大陆的范围涉及英国各民族,而且进一步涉足于北美大陆,其视野之广阔,在当时确属难能可贵;在研究的层次上,其学术成果既精细又深入,经受得住时间的考验;在方法上,他不仅着手探讨法律,还注意考察各个法院实际工作中的现实状况,甚至还进一步探究它们事实上的、政治上的和社会上的背景。总之,他的研究成果代表了这一时期德国比较法的最高水平。

4. 研究特点

这一阶段的比较法,是在德国改善法律的急切需要的压力之下开始的。对外国法律材料进行吸收和比较研究的目的,是为立法者和法官提供援助,以借助外国法的经验来发展和完善本国法。① 因此,这时期的德国比较法学重实践而缺乏理论总结,没有进行任何关于比较法研究对象以及研究方法的讨论。但是,比较法学家们却发展了一种经验观察和实际运用比较结果的方法,并为比较法研究注入了强烈和持久的热情。②

这一时期德国比较法的另一个鲜明特点是,欧洲大陆的法学家第一次对英格兰和美国的普通法的发展和传统技术产生浓厚的兴趣,并积极地试图去理解。米特尔迈尔百科全书式的知识,这个团体的法学家们对当时世界所有的法律、法律科学和大国的法律教育的不知疲倦的求知热情,不仅前无古人,而且在欧洲大陆后来的很长一段时期内也几乎无人能超越。③

---

① 参见[英]施米托夫:《比较法律科学》,韩光明译,载《比较法研究》2001年第4期,第102页。
② Walther Hug, "The History of Comparative Law", in: *Harvard Law Review* (1931), vol. 45, pp. 1059-1060.
③ Walther Hug, "The History of Comparative Law", in: *Harvard Law Review* (1931), vol. 45, p. 1069.

5. 海德堡学派的衰落

尽管海德堡大学的法学家们开启了德国比较法研究的大门,尽管他们心志宽阔,兴趣广泛,但是他们的努力仅仅局限在一个很小的法学家圈子内;再加上大多数倡导比较法研究的理论家,如费尔巴哈、黑格尔、蒂堡、冈斯、萨查里阿等也都于19世纪三四十年代相继去世,这个团体因而不足以抵抗法律实证主义的强大势力。由此,伴随着1856年《外国法学与立法评论》的停刊,伴随着米特尔迈尔的去世,伴随着19世纪中期法律实证主义精神在西方所有国家法学界中的统治地位的形成,法哲学处于最低谷,海德堡的学术团体衰落了,对外国法和比较法的研究也几乎完全消失了。以至于后来的德国著名比较法学家恩斯特·拉贝尔(Ernst Rabel, 1874—1955)在其著作中,也始终没有提到过这一时期的比较法学家的名字及其学术成果。[①]

由此可见,这一阶段德国比较法尚处于萌芽时期,对比较法普遍引起兴趣的时代尚未到来。只有到了19世纪后半期,比较法作为法律科学的独立学科的地位才得以确立。

四、"比较法律科学"学派

经过19世纪中期几十年的沉寂之后,德国比较法开始以另外一副面貌重新登场——19世纪后期,历史主义成为这一时期比较法研究的主导范式,法律比较(包括历史比较)的目的在于试图揭示法律进化的内在规律。[②] 所谓历史主义,就是试图以历史化的方法来思考一切问题的立场,即必须把眼前的一切事物都作为生成、发展而来的东西来理解。主要以黑格尔的历史哲学为思想基础,后来又受到达尔文进化论的深刻影响,先在德国,后来又蔓延到西欧各主要国家,兴起了一股学术潮流,即"法律人类学"或"普遍法律史"。在德国,

---

[①] Walther Hug, "The History of Comparative Law", in: *Harvard Law Review* (1931), vol. 45, p. 1070.

[②] Anne Peter, Heiner Schwenke, "Comparative Law Beyond Post-Modernist", in: *International and Comparative Law Quarterly* (2000), vol. 49, p. 803.

它被称为"比较法律科学"学派。①

早在 19 世纪前期,冈斯率先将其师黑格尔的历史哲学中包含的发展原则运用到比较法领域。他比较研究了罗马人、印度人、中国人、犹太民族、伊斯兰民族和雅典人的继承法,著成《世界继承法发展史》(1824)。但是,由于冈斯于 1839 年早逝,也由于他过分热情地试图研究所有时代和所有民族的法律,从而导致其学术流于显而易见的浅薄,还由于其思想的晦涩难懂,他的著作在其死后变得湮没不闻,今天已很少为人所知。②

几十年后,在进化论的巨大影响下,"比较法律科学"的代表人物之一——波斯特(Albert Hermann Post,1839—1895),于 1867 年出版了《法的自然规律》一书。正如书名所表明的那样,他把比较方法应用于法学,使法学像自然科学一样建立在经验的基础上。他认为,世界各民族的发展经历了各个不同阶段,这一过程反映在各民族的法律中。因此,如果把比较民族学的方法应用于法学,就能够得到支配各种法律制度或法律的一般发展过程的规律。

波斯特的基本观念被伯恩霍夫特(Franz Bernhöft,1852—1933)及其合作者发扬光大,他们于 1878 年共同创办了《比较法律科学杂志》,专门致力于比较法律史研究。在杂志创刊号的序言中,编者系统地陈述了他们的研究目的——"比较法试图揭示:有共同传统的民族如何各自完善继承下来的法律概念;此民族如何从彼民族那里继受法律制度,并根据自己的观念进行修改;以及最终,不同国家的法律秩序,甚至在没有与外界进行任何实际交流的情况下,如何根据普遍的法律进化原理进行发展和演化。一言以蔽之,比较法正是要在诸种法律秩序之中探究法律的共同理念。"③

随后,这个学派的另一个代表人物——科勒(Joseph Kohler,1848—1919)

---

① 1903 年,波罗克说:"无论我们谈到历史法学或者比较法学,或者——像德国人似乎倾向的那种说法——普遍法律史,这里面没有什么重大区别。"参见[德]K·茨威格特、H·克茨:《比较法总论》,潘汉典等译,法律出版社 2003 年版,第 86—87 页。

② William Ewald, "Comparative Jurisprudence(Ⅰ):What Was It Like to Try a Rat?", in: *University of Pennsylvania Law Review* (1995), vol. 143, p. 2119.

③ Anne Peters, Heiner Schwenke, "Comparative Law Beyond Post-Modernist", in: *International and Comparative Law Quarterly* (2000), vol. 49, p. 805.

又推动了比较人类学的飞跃发展。① 科勒在其著作《比较法律科学导论》中也试图解释法律进化的发展规律,他写道:"我们发现,在人类这一有机体中,普遍存在的对进化的强烈愿望,如何无意识地发芽和结果;尤其重要的是,个人推论出的更高合理性如何遍及人类并且指导历史的发展方向。"②科勒的世界观念被后来的学者刻画为"历史的乐观主义"。③

这一学派在其他国家的著名研究有梅因的《古代法》和《村落共同体》,巴赫芬(Johann Jokob Bachofen,1815—1887)的《母权论》等。

综上可知,"比较法律科学"主要关心的是在普遍的文化框架之内,专门阐述全世界的普遍法律史。他们将其视野向整个人类开放,而不局限于罗马法或日耳曼的狭隘范围。其研究特点是从人的统一的心理结构出发,把人类的各种现象、社会制度和法律制度的类似作为毋庸置疑的前提,认为所有民族的法都朝着单一的方向、服从同一个进化规律而发展,因此各个民族的法或法律制度的差异,只是因为在这条单一的道路上处于不同的发展阶段而已。这种观点过高地评价了类似性,显而易见地忽视了差异性。它几乎完全无视民族的特性,常常把本无关系的制度牵强附会地联系起来,明显地急于使其普遍化。正是在这一点上,"比较法律科学"虽然也不可避免地受萨维尼的法理学历史研究进路的深刻影响,④却与萨维尼及其历史法学有很大的差别。后者恰恰强调法律的特殊性,认为法律和语言、行为方式及基本社会组织体制一样,来源于民,形成于史,为一定民族所特有。因此,无怪乎萨维尼在其著述中谈到自己对"比较法律科学"的看法时,说"鄙人曾经提出警告,反对浅

---

① 批评者认为这类研究的背景是殖民主义和帝国主义,它们需要比较人类学,目的并不在于向外国学习,而是为欧洲在全球利益的扩张提供正当根据。参见 Anne Peter, Heiner Schwenke, "Comparative Law Beyond Post-Modernist", in: *International and Comparative Law Quarterly* (2000), vol. 49, p. 805。

② Anne Peters, Heiner Schwenke, "Comparative Law Beyond Post-Modernist", in: *International and Comparative Law Quarterly* (2000), vol. 49, p. 804。

③ Anne Peters, Heiner Schwenke, "Comparative Law Beyond Post-Modernist", in: *International and Comparative Law Quarterly* (2000), vol. 49, p. 805。

④ Joachim Rückert, "The Unrecognized Legacy: Savigny's Influence on German Jurisprudence After 1900", in: *The American Journal of Comparative Law* (1989), vol. 37, p. 134。

薄搬用'普遍法律史'"①。

19世纪将近结束时,"比较法律科学"衰落了。1897年,科勒基于学者的良心承认了他们研究的失败,他说:"(我们)是在以一种错误的方法进行研究。因此给世界带来了非科学的、而且是不成熟的观察得到的粗暴的思辨的形象。"②

但是,"比较法律科学"这股潮流对西欧比较法学的发展产生了强有力的推动作用。在它的带动下,英国、法国的比较法研究开始制度化——比较法学会、杂志、讲座创立了,比较法作为独立的法学学科的地位在法、英两国首先得到了承认。③ 而在德国,到了1894年,才在柏林最高法院法官费利克斯·迈耶尔(Felix Meyer)的主持下,创办了"比较法律科学和国民经济学国际协会"(后来改名为"比较法协会")。比较法被列入大学课程,作为一门学科而得到完全的承认,则是在第一次世界大战之后。

第二节 比较法学的现代转型和兴盛发展

一、德国比较法学的现代转型

19世纪末20世纪初,德国比较法学迎来了它发展的转折性变化:从法律人类学或普遍法律史也即历史的比较法,转向以现行(geltenden)外国法为基础的现代比较法。④ 比较法研究的主导动机,首先是为了国内立法和国际法律协调提供"解决仓库(stock-taking)",而后,当欧洲大多数国家法典化基本完成后,实现国际法律的逐步统一。⑤

---

① [德]弗里德里希·卡尔·冯·萨维尼:《论立法与法学的当代使命》,许章润译,中国法制出版社2001年版,第二版序言。
② 参见[日]大木雅夫:《比较法》,范愉译,法律出版社1999年版,第53页。
③ 茨威格特和克茨认为,比较法最终被承认为一门新的学科的标志是,作为独立的学科被列入大学课程。参见[德]K·茨威格特、H·克茨:《比较法总论》,潘汉典等译,法律出版社2003年版,第86页。
④ 根据茨威格特和克茨的界定,比较法律史不同于实质意义上的比较法,后者只包括现存的法律体系。参见[德]K·茨威格特、H·克茨:《比较法总论》,潘汉典等译,法律出版社2003年版,第106页。
⑤ Anne Peters, Heiner Schwenke, "Comparative Law Beyond Post-Modernist", in: *International and Comparative Law Quarterly* (2000), vol. 49, p. 806.

1. 转变的原因

首先,经济上和商业上国家间的联系日益密切,全球化的趋势也日益增强,正是这种时代精神要求对外国法律规则,甚至是统一的法律规则有更好的认识。其次,这时期,在国际联盟的推动下,西欧各主要国家争取法律统一和国际合作的巨大努力取得了几项成果,主要有《波恩著作权与商标权条约》、万国邮政联盟和第一个海牙国际私法公约等。在这种情况下,西欧的法学家们将私法的大规模统一作为事业追求的理想,并对其实现的可能性怀着乐观的信念。

正是在这一背景下,现代比较法学应运而生。费利克斯·迈耶尔指出:"(今天),在新出现的社会活动和机构中全球化的经济趋势特别显著,法律的国际化取得了巨大进展,不进行法律比较就不可能制定任何一项法律。"[1]

2. 研究目标

领导比较法学完成这一历史转变的是法国的比较法学家——巴黎大学的萨莱伊和里昂大学的朗贝尔。在上述时代精神的激励下,1900年,两人在巴黎领导举办了国际比较法大会。国际比较法大会的召开是这一时期比较法发展的顶峰,它集中体现了这一阶段比较法学发展的主要特点。

把法律统一作为比较法的目标和最终功绩的时代精神也贯彻在德国的比较法研究中。1914年,"比较法律科学和国民经济学国际协会"在柏林庆祝其成立20周年之际,协会的创始人费利克斯·迈耶尔,重申了协会创办的宗旨是:"通过法律比较走向法律统一,追求法律的完善和协调。"[2]

3. 研究对象

在对法的认识上,这一阶段的比较法学深刻地受到了实证主义法学和概念法学的影响。虽然实证主义法学和概念法学都轻视比较法学,而它却不可避免地依赖于那个时期法学的主导思想。因此,这一背景下的比较法在研究对象、方法论以及研究范围上都打有主流法理学的烙印。

---

[1] Anne Peters, Heiner Schwenke, "Comparative Law Beyond Post-Modernist", in: *International and Comparative Law Quarterly* (2000), vol. 49, p. 806.

[2] Anne Peters, Heiner Schwenke, "Comparative Law Beyond Post-Modernist", in: *International and Comparative Law Quarterly* (2000), vol. 49, p. 807.

由于受实证主义法学的影响,这一时期比较法学的研究对象是制定法。因为实证主义法学认为,法律是一批出自占统治地位的政治权威的规范。比较法学家基于对法律的这种认识,认为比较法就是对不同国家的法律规范体系的比较或具体法律规范的比较。而且,在法律实践中,德国的法学者曾在19世纪最后20年专心致志于准备《德国民法典》的制定,又在20世纪的头15年对他们一手缔造的这一私法典进行彻底的检查和研究,这就进一步强化了他们根深蒂固的以法律文本为中心的思考习惯。① 而在制定法中,比较的范围又被进一步局限在私法领域。其中原因之一大概在于自中世纪罗马法继受以来法学学者研究的一般趋向如此,②而且《德国民法典》又理所当然地成为研究的焦点。另外,当时的国际合作也主要集中在经济技术和商业领域,这些领域所涉及的法律也大都属于私法范畴。

4. 方法论

在方法论上,这一时期的比较法也深受实证主义法学和德国概念法学的影响。概念法学高度强调概念和分类,热衷于创制一个系统的和严格的实在法体系。这一阶段的比较法学者们也偏好宏大而系统化的法学方法,专门研究正式的规则、制度、程序而忽略了规范背后的社会和经济因素。③ 这种比较方法被称为规范比较方法,或者称为结构主义(structuralism)、概念论(conceptualism)、文本论(textualism)、文本方法(textual approach)等。④

5. 研究范围

这一时期,比较法的研究范围局限于欧洲大陆诸法律体系。因为,一方面,"人类的共同法"理论,志在追求对整个文明人类普遍适用的法律,这在当时被认为过于宽泛,因此比较法学者们将研究范围首先限定在罗马民族和日

---

① David J. Gerber, "Sculpting the Agenda of Comparative Law: Ernst Rabel and the Facade of Language", in: Annelise Riles (ed.), *Rethinking the Masters of Comparative Law* (2001), Hart Publishing, p. 194.

② Mathias Reimann, "Stepping Out of European Shadow: Why Comparative Law in the United States Must Develop Its Own Agenda", in: *The American Journal of Comparative Law* (1998), vol. 46, p. 639.

③ Anne Peters, Heiner Schwenke, "Comparative Law Beyond Post-Modernist", in: *International and Comparative Law Quarterly* (2000), vol. 49, pp. 807 – 808.

④ 参见黄文艺:《论当代西方比较法学的发展》,载《比较法研究》2002年第1期。

耳曼民族；另一方面，受研究对象以及方法论的制约，比较法的研究范围又进一步缩小到欧洲大陆各国的制定法。因为当时人们认为只有欧洲大陆的实在法体系才是彼此相类似的法制，在此前提下才可以进行比较，而普通法与大陆法的法律框架差异太大，缺乏比较性，因而对它们进行比较不仅极为困难，而且也没有价值。①

二、比较法学的兴盛发展

1. 发展的契机

第一次世界大战（简称"一战"）后，由于《凡尔赛条约》的签订（尤其是第10条，它规定了各参战国公民之间战前私法关系的清理问题），以及由各国仲裁员混合组成的仲裁机构对德国战前合同的仲裁，美国财政政策对一战后德国通货膨胀的影响等因素，使原来很少引起人们注意的外国法和比较法具有了越来越重要的意义。德国法学家肩负着为了国家的特定利益而充当辩护人的任务。围绕着关于法律问题的理解和适用所展开的争论，就逼着他们将德国法同外国法进行对比。由此，德国法学从它"罕见的闭锁状态"中突破了出来。

开始的时候，德国法学家非常天真地从战前的思想出发，依旧抱着德国的法律概念，按照德国的方法试图去解释《凡尔赛条约》。但这种方法被很快证明是行不通的，因为《凡尔赛条约》是用外语表述的，其德文译本没有任何规范效力，而立法方法和概念组成、解释的背景和法律风格都是从各战胜国的制度和法律观念，特别是从英国法和法国法借用的。在这种背景之下，只有深入研究所有这一切，此外别无办法……"②

虽然为了正确适用《凡尔赛条约》而进行的比较法研究，其出发点在于实践而非学术上的客观认识，但是以《凡尔赛条约》和其他战争结果作为实际动机的比较法研究成果却大大超越了原来的研究目的——最终，比较法作为独立的法学分科获得了飞跃式的发展。具体表现为以下方面：物质上，创设了

---

① Hein Kötz, "Comparative Law in Germany Today", in: *Revue Internationale de Droit Comparé* (1999), vol. 51, p. 758.

② 参见[德]K·茨威格特、H·克茨：《比较法总论》，潘汉典等译，法律出版社2003年版，第88页。

物力和人力上充分配备,并且可以持续工作的专门研究所;研究方法上,超越了此前的规范比较法,开始对一切法律秩序,不仅考虑各自的一定的法律功能,还从它们的整体上进行彻底的研究;研究范围上,越出以欧洲制定法为限的范围,扩大到国别上无限制的领域。另外,德国比较法学家和其他国家的同行们在国际上进行合作,体现了世界比较法学者的超国家的代表性。

2. 拉贝尔和比较法研究所的设立

第一次世界大战后,德国比较法全新局面的开创是与一个人的卓越贡献分不开的,他就是德国著名的比较法学家、国际私法学家恩斯特·拉贝尔。拉贝尔出生于维也纳,第二次世界大战前曾历任莱比锡大学、巴塞尔大学、基尔大学、格廷根大学、柏林大学教授。他对这一时期和以后的德国比较法都产生了至深至远的影响。

早在1916年,即一战期间,根据拉贝尔的倡议,在慕尼黑大学创立了拉贝尔比较法研究所,这是世界上第一个比较法研究所;一战后,德国其他大学也相继效仿。德国比较法作为法学分科的独立地位终于得到了承认。

其后,当各大学的研究中心越来越不能满足对外国法的详细信息的需求时,当时的德国政府、企业界和德皇威廉协会决定共同出资,创设大型的研究所,目的在于扶植德国学者的科学研究,同时为德国企业界和政府部门处理国际事务提供咨询和建议。1924年,在维克多·布龙(Victor Brun)的指导下,创设了德皇威廉外国公法和国际法研究所,五年后该所出版发行《外国公法和国际法杂志》。1926年,德皇威廉协会又在拉贝尔的指导下,在柏林创立了德皇威廉外国法和国际私法研究所,拉贝尔任所长,一年后该所也创办了其机关刊物《外国法和国际私法杂志》。这个研究所在极短的时间内,发展成为德国最著名的比较法中心,而且也是世界上最重要的比较法研究机构之一。

这些大型的研究所,相对于一战前各国创立的比较法协会来说,组织机构更加巩固,有一批专家班子和专业图书馆结集在各研究单位,从资源上和技术上都大力推动了比较法的发展。这些研究所也培养出了一批优秀的比较法学家,例如,第二次世界大战前流亡到美国,后来成为美国比较法领头人物的马克斯·鲁因斯坦(Max Rheinstein)、鲁道夫·施莱辛格(Rudolf B. Schlesiger)、沃尔夫冈·弗瑞德曼(Wolfgang Friedmann)等,都曾是拉贝尔研究所里的学生。

当代著名的德国比较法学家茨威格特也曾任德皇威廉外国私法和国际私法研究所的研究员。

3. 研究目的、方法和任务的转移

上述大型研究所的设立，使得人们能够进行深入的研究工作，也增强了比较法学者相互之间的交流和影响；这一时期所流行的各种法理学思想，也给比较法学提供了方法论上的指导。所有这一切都促成了德国比较法研究目的、方法和任务的转移。

这一时期，利益法学、自由法学、法律社会学和法律现实主义以各种形式对概念法学和法律实证主义展开了批判，粉碎了各国建立的各自的概念体系、高度精密的学说和教条结构，为人们对法律的认识提供了新方法。这些学派虽各有自己的主张，但在一点上取得了共识，即法律科学的对象并不是概念的法律结构，而是这些法律结构应当解决的生活问题；法是"社会工程"，法律科学是社会科学。这些新认识为比较法学提供了思想和方法的理论基础。

1925年，拉贝尔出版了他的比较法学理论的第一篇基础著作《比较法的任务与必要性》；1937年，又发表了《德皇威廉外国法和国际私法研究所的专业领域》。这两篇著作集中阐述了比较法的目的、任务和研究方法等问题，为这一时期德国比较法学的发展奠定了基础。

在《比较法的任务与必要性》一文中，拉贝尔提出："学术的主要任务是，如同我们向来习以为常的那样，十分审慎地对个案进行精确的处理。"[①]这就从1900年巴黎国际比较法会议上完全的原理讨论，即从比较法在法学体系上的位置、效果和目的是什么，转移到事实问题的个别研究，即"具体的研究"。而且经过十几年的研究，人们认识到1900年巴黎会议给比较法预先确定一个体系上的位置，或者预先决定一个目标，这种做法都是对比较法发展的限制。拉贝尔认为，比较的各个目的正如法律科学本身一样是多种多样的，人们既不可能把它们一一列举，而且也无须如此。然而，从拉贝尔毕生所从事的实践工作和学术成果中可以看出，他的比较法研究主要致力于国际私法的统一。

---

① 参见[德]K·茨威格特、H·克茨：《比较法总论》，潘汉典等译，法律出版社2003年版，第90页。

第一章　近代德国比较法学的发展演变

在比较法的方法论上,拉贝尔超越了先前的形式主义的研究方法,提出了一种新的方法。其本质内容,简言之,就是:考察同一个事实问题在两个或更多的法律体系中是如何解决的,而后探究这些问题解决方法的异同。由此可见,新的方法着手解决具体的社会问题,其出发点并非单纯基于制定法,或者法律制度的结构,而是社会事实。在《德皇威廉外国法和国际私法研究所的专业领域》一文中,拉贝尔总结道:"我们比较的不是(法律的)固定的材料和孤立的段落,而是各种解决办法,这些办法是由此国或彼国为了解决相同的一个具体事实问题而产生的;而后,我们要追问这些解决办法为什么会产生,以及它们有哪些成功之处。"[①]后来,拉贝尔在1948年发表的题为《应用的比较法,尤其在冲突法中的一些主要问题》一文中,将"法律规范的社会效果以及为了达到这些效果的法律概念的作用",描述为每一项比较的"公分母(common denominator)",并认为这种比较的新方法"可以恰当地称为功能方法(functional approach)"。[②] 今天,人们也把这种方法称为功能主义(functionalism)或语境论(context method)。[③]

1938年,拉贝尔的学生马克斯·鲁因斯坦在《比较法的讲授》中进一步确切地阐述了功能方法的纲领,他认为比较法必须"超越分类的或者分析的描述,或者对一种或多种实在法体系的技术性运用。每一项规则或制度应该在两项询问中证明其存在的合理性:第一,在当前社会中它发挥着什么功能?第二,它的功能发挥得好吗,另一项规则是否比它的功能更好?"[④]。

由上可见,功能方法的比较有两个基本特点:其一,比较的出发点和基础是社会所面临的各种问题或需要;其二,在对法律问题进行比较时,它着重的

---

① David J. Gerber, "Sculpting the Agenda of Comparative Law: Ernst Rabel and the Facade of Language", in: Annelise Riles (ed.), *Rethinking the Masters of Comparative Law* (2001), Hart Publishing, p. 199.

② Anne Peters, Heiner Schwenke, " Comparative Law Beyond Post-Modernist ", in: *International and Comparative Law Quarterly* (2000), vol. 49, p. 808.

③ David J. Gerber, "Sculpting the Agenda of Comparative Law: Ernst Rabel and the Facade of Language", in: Annelise Riles (ed.), *Rethinking the Masters of Comparative Law* (2001), Hart Publishing, p. 199.

④ Anne Peters, Heiner Schwenke, " Comparative Law Beyond Post-Modernist ", in: *International and Comparative Law Quarterly* (2000), vol. 49, pp. 808 - 809.

是法律的社会功能、效果,而不是法律文本上的抽象内容。

功能的方法抛弃了仅仅作为"法律规范和制度的描画大纲"的传统比较法,为比较法的研究提供了一种新的思考方法,从而大大拓宽了比较法的研究视野。

但同时,它也使比较法学者面临着更艰巨的任务,那就是不能局限于对法律规范进行简单、直接的比较研究,而是要对法律生活的整体进行全面的考察,研究"社会中的法"。拉贝尔在《比较法的任务与必要性》中提出:

> 关于法律问题的思考资料必须是:过去和现在的全世界的法律;以及同法律相关的地理、气候、人种;各民族的历史命运——战争、革命、建国、奴役;宗教和伦理观念;各个人的抱负和创造力、商品生产与消费的要求;各阶层、党派和阶级的利益;各种思潮,不仅封建主义、自由主义、社会主义产生各自不同的法律,各种思潮、已选定的法律道路的合乎逻辑的考虑,特别是对于一种国家和法律的理想的追求,都是起作用的。所有这一切在社会、经济和法律的形成上都是互为前提的。所有发达民族的法律在阳光下迎风闪烁,千姿百态。这个颤动着的实体构成一个任何人依靠直觉无法了解的整体。[①]

4. 研究范围的扩大

从比较制定法,也即规范比较法转向功能主义比较法的同时,德国比较法的研究范围也扩大了。

在比较法的上个阶段,人们认定只有那些法律结构和概念彼此相似的法律制度才可能进行比较,由此,比较法的研究范围被局限在欧洲大陆实在法体系的框架之内。而功能的方法则主张,各种不同形式的法律规范、法律制度,只要它们的功能相同,即它们解决相同的社会问题或满足相同的社会需要,就是可以比较的。因此,当功能主义方法论提出来以后,上述框架就被彻底打破

---

① 转引自[德]K·茨威格特、H·克茨:《比较法总论》,潘汉典等译,法律出版社2003年版,第49页。

了,比较法从单纯的制定法比较这种束缚中解放了出来,从此开始逐步打开新的研究领域,而向普通法的扩展则是它迈出的关键的第一步。

在此之前,除了特殊领域中带有国际背景的事项(例如海商法)能为少数专家熟悉以外,普通法一直是在欧洲大陆法律家的视野之外的。然而早在一战之前,也有一些法学者反对仅在罗马—德意志法系范围内进行比较研究,认为这带有民族的和教条的局限性。当时,费利克斯·迈耶尔的"比较法协会"已着手进行一项关于英国私法的德文注释规划,由汉堡和不来梅市参议会以及柏林商会资助,但此项工作由于战争而终止了。

一战后,拉贝尔通过一项精密的专题探讨,提出了深入研究普通法的计划。当时,要超越这一表面上不可逾越的历史的、体系的和方法的鸿沟,向普通法迈步,这是对比较法的重大挑战。而功能主义的方法论给人们对比较法的认识提供了新的视角,即如能根据功能正确地提出问题并且透彻地研究整个法律制度,那么普通法与大陆法之间的差别实际上并不重要。

经过二三十年的研究,拉贝尔的研究所产生了许多优秀的学术著作,这些研究成果为大陆法和普通法的沟通架起了桥梁。其中,在拉贝尔的指导下,在系统研究外国法的基础上,外国法和国际私法研究所出版了 6 卷《比较法辞典》(1927—1940);1936 年,拉贝尔又出版了他的代表作《货物买卖法》第 1 卷。《货物买卖法》是拉贝尔受国际联盟的委派,为国际货物买卖统一法创造基础而做的。拉贝尔为此系统地调查各主要贸易国的货物买卖法,他的一丝不苟和富有洞察力的比较研究受到了极高的评价。这部著作后来成为指导海牙统一买卖法的一部"圣经",[①]它对于国际买卖法的统一具有重大意义。

这两部作品是彻底国际性和全面性的,普通法作为诸多法律秩序当中的一种,也被包括在内。这就终局性地打破了 1900 年巴黎国际比较法大会的罗马法的和欧洲大陆的框架,并证明完全不同的法律秩序的比较不仅是可能的,而且是有益的,它也表明真正的比较基础是功能和法律政策需要的相似性。

[①] David J. Gerber, "Sculpting the Agenda of Comparative Law: Ernst Rabel and the Facade of Language", in: Annelise Riles (ed.), *Rethinking the Masters of Comparative Law* (2001), Hart Publishing, p. 196.

从事普通法研究的实验增强了人们的信心,使比较法学的领域更加海阔天空。功能的方法,使极不相同的诸种法律秩序的研究有了一个确定可靠的出发点和部分的操作工具。虽然德国对社会主义法系进行比较研究只是在东欧和中欧建立社会主义国家以后才大规模开始,但是其思想和基础则在这一时期就已奠定了。

5. 德国比较法的国际性

这一时期,比较法学的兴盛还表现在各国比较法学者进行国际性的协作,共同推动世界比较法学的发展,具体表现在"国际比较法学院"、国际联盟的"统一私法国际协会"及"国际法律科学协会"等均告成立。这些组织的设立对比较法的意义不容低估。从此各国的比较法学家,从原来基本上囿于各自国家范围之内进行研究,转向国家之间的互相交流与合作,体现了比较法学者的超国家的代表性。以拉贝尔为例,一战后,拉贝尔作为德—意混合仲裁法庭的成员参与解释和约;他也是"统一私法国际协会"的德国的首任代表,而且还曾是海牙国际法院的法官、国际比较法协会的主席。

第三节 比较法学的停滞

1933 年,希特勒和他的国家社会党控制了德国政权。同年 4 月 7 日,新上台的纳粹政府颁布了《专职公务复职法令》,其目的在于驱逐政府雇用的公务员中的所有犹太人以及其他持不同政见者。由于德国大学全部为政府经管,因此《专职公务复职法令》和其后一系列的迫害,将所有犹太法学教授和一些非保守的法学教授无情地逐出大学。1933 年,德国各法学院的 378 名教授一次就有 120 名被解职,其中大多数是出于种族原因。

这些流离失所的法学教授被迫流亡海外,主要逃亡到英国和美国。德国比较法学的巨擘——拉贝尔的遭遇集中体现了流亡法学家的悲惨命运。拉贝尔是犹太人,但由于他出生于奥地利,其婚姻属于犹太人与雅利安人的混合婚姻,再加上他当时声名卓著,这些因素都使他暂时躲过反犹太主义法律的迫害,比其他犹太人保住职位的时间长久一点。但是,他后来越来越感觉到自身处境岌岌可危。出于对局势的担忧,1938 年秋天,这位为德国法学做出巨大功绩、早已蜚声国内外的著名学者,向美国的许多法学教授发出求援信,寻求他们的帮助。信中他谦卑地写道:"在人生如此困苦的境况下,无奈中不得不鼓足勇气冒昧打扰;然而我无意让您承受丝毫负担,也不想给您增添任何麻烦,惟愿您能善良地替我留意目前可能有的机会,使我在背井离乡后有个立足之地。我很愿意在法律的任一分科重新发挥作用……"①

1939年,厄运终于降临,拉贝尔的公职、财产和公民权统统被剥夺,而且被正式禁止进入他一手创建的研究所。已是65岁高龄的拉贝尔被迫逃离德国,在弟子鲁因斯坦及其他人的帮助下九死一生逃往美国,到美国后又历尽磨难,后来才勉强在密歇根大学谋得一个副研究员的职位。而且,令人震惊的是,拉贝尔在美国始终没有获得法学教授的席位。学者寄人篱下的辛酸由此可见一斑!

和拉贝尔一样,1933年后,被迫流亡的德国法学教授纷纷在国外谋求生路。据资料显示,当时美国各大学的比较法专业被比作"避难者的栖身地",其中,"鲁因斯坦安身在芝加哥大学,施莱辛格在康奈尔大学,埃伦茨威格(Albert A. Ehrenzweig)、拉森菲尔德(Stefan Riesenfeld,1908—1999)在伯克利大学,凯斯勒(Friedrich Kessler)在耶鲁大学,拉贝尔和斯泰因(Eric Stein)在密歇根大学……"②

德国各大学的"大清洗"之后,在纳粹势力的扶植下,那些"具有民族主义倾向的、前途远大的"教员填补了《专职公务复职法令》实施后空缺下来的职位,③各大学的法学教职因而几乎全部被德国的民族主义者和纽伦堡法律绝对主义者所垄断。纳粹上台前的自由的法学思想被完全抛弃了,在法学领域,"整个的德国法律,……必须完全地、惟一地接受纳粹主义精神的指导……任何诠释都应与纳粹主义相符"④。在此语境下,一战后创办的比较法研究所被

---

① Kyle Graham, "The Refugee Jurist and American Law Schools, 1933 - 1941", in: *The American Journal of Comparative Law* (2002), vol. 50, p. 811.

② Vivian G. Curran, "Cultural Immersion, Difference and Categories in U. S. Comparative Law", in: *The American Journal of Comparative Law* (1998), vol. 46, p. 68.

③ 参见[德]英戈·穆勒:《恐怖的法官——纳粹时期的司法》,王勇译,中国政法大学出版社2000年版,第62页。

④ 参见[德]英戈·穆勒:《恐怖的法官——纳粹时期的司法》,王勇译,中国政法大学出版社2000年版,第63页。

迫关闭,各家比较法杂志也纷纷停刊,对外国法和比较法的研究几乎完全停止了。

由此,纳粹上台后,随着德国比较法学家的大量流失以及纳粹法理学笼罩着整个德国法学界,曾经如火如荼开展着的、兴盛一时的德国比较法学从此归于沉寂。

这种停滞状态一直持续到了第二次世界大战结束。

第二章　当代德国的比较法学

随着第二次世界大战(简称"二战")结束,纳粹对德国噩梦般的统治土崩瓦解,德国比较法经过战争的灾难后重新走上正轨:被迫关闭的研究机构得以重建;各家杂志相继复刊;学者们被压抑已久的工作热情也得到释放,他们在原来的工作基础之上继续大规模地开展比较法的研究活动。

从二战后研究的恢复到今天,经过半个多世纪的繁荣发展,德国比较法取得了骄人的成绩。单以学术成果而论,从数量上看,二战前,有关这方面的论文寥寥无几,成熟的专著几乎付之阙如;而到了今天,比较法著作的强大阵容令人瞩目,系列丛书、数千篇论文更是汗牛充栋。有学者感叹道,1950年前,若要遍阅比较法著述只需几个星期;而今若想达到同样目的,则非要花费上数年时间不可。[①] 从质量上看,大量成果都颇有建树,其中,茨威格特和克茨合著的《比较法总论》堪称当代比较法皇冠上的明珠,迄今为止它依然雄踞于世界比较法"经典大厦"的顶端。[②] 昔日卑微的法律科学里的"灰姑娘",今天已经在法学殿堂里赢得了她举足轻重的地位和人们的尊重。不仅如此,近十几年来,德国比较法还走出了纯学术的象牙塔,在社会实践中发挥着日益显著的作用。[③]

[①] Mathias Reimann, "The Progress and Failure of Comparative Law in the Second Half of the Twentieth Century", in: *The American Journal of Comparative Law* (2002), vol. 50, p. 674.

[②] Mathias Reimann, "Stepping Out of European Shadow: Why Comparative Law in the United States Must Develop Its Own Agenda", in: *The American Journal of Comparative Law* (1998), vol. 46, p. 638.

[③] Günter Frankenberg, "Stranger than Paradise: Identity & Politics in Comparative Law", in: *Utah Law Review* (1997), p. 260.

德国比较法学研究：历史与方法论

鉴于当代德国比较法燎原之势般的发展状况,任何对它在过去50年中的历史轨迹按部就班的描述都将显得浅薄,故在此将其归纳为以下6个方面进行概括的阐述。

第一节　比较法研究机构、杂志和学会

1949年,曾经被迫关闭的德皇威廉外国法和国际私法研究所重建,已是75岁高龄的拉贝尔受邀担任该所顾问,该所依旧是德国最著名的比较法研究机构。后来,该所与德皇威廉外国公法和国际法研究所分别更名为马克斯—普朗克(以下简称"马普")外国法和国际私法研究所(现今总部在汉堡)、马普外国法和国际法研究所(总部在海德堡),作为马普科学促进协会下属的两个研究所独立开展研究工作。

二战后,为了对国际法和比较法的特定领域进行更专门的研究,马普协会又创立了3个研究所,分别是马普外国法和国际专利法、著作权法和竞争法研究所(所址在慕尼黑),马普外国法和国际刑法研究所(所址在弗莱堡)以及马普外国法和国际公益法研究所(所址在慕尼黑)。另外,又在法兰克福设立了马普欧洲法律发展史研究所。所有这些马普所都独立进行科学研究,公开发行自己的刊物、系列丛书和资料,并在来自全世界的比较法学者共同研究的基础上,编撰百科全书。

各个马普所的工作重点是介绍各国的法律经验、法律学说及法律适用;对各国法律进行比较研究;通过对立法工作进行咨询、提供专家建议和发表学术上的文章,来改善和改革德国国内法律,并填补立法上的空白。这些研究所还致力于促进欧盟法律的统一以及对国际法在世界范围内适用等问题的研究。另外,对非欧洲国家的法律进行比较研究,帮助和指导这些国家进行法制改革和建设也是它们的一个工作重点。

这些大型的研究所还利用其雄厚的人力、物力资源,承担浩大的国际性科研项目。其中最为著名的是海德堡马普所编撰的《国际公法百科全书》以及汉堡马普所主持编撰的《国际比较法百科全书》。后者的影响尤为巨大。这一大型工程由国际法律科学协会发起,主要由德国比较法学家茨威格特和德罗布

尼希(Ulrich Drobnig)负责,由来自世界各国的400多名学者参加撰写,另有100多人作为专家进行指导。这部以英文发行的百科全书分为17卷,从1971年开始陆续问世,直到1997年全部出版工作才告结束。它被认为是"全球性比较方面最雄心勃勃、最令人钦佩的事业"[1],充分显示了德国比较法学科的强大力量及其在世界比较法学界的主导地位。

二战期间被迫停刊的各家比较法杂志也于战后相继复刊。著名的《外国法和国际私法杂志》随着汉堡马普所的重建于1949年复刊。该杂志为季刊,主要刊登马普所科研人员撰写的论文,以及世界上有关这一领域召开的各种会议的简短报道,还刊登各种法律、法律草案等,同时评介国内外比较法方面的新书。该杂志在世界比较法学界颇具代表性,1952年创刊的《美国比较法杂志》即是它的模仿物。1961年,为纪念已经去世的比较法学家拉贝尔,该杂志正式以其创刊者的名字命名为《拉贝尔外国法和国际私法杂志》,简称《拉贝尔杂志》(RabelsZ)。

其他比较法杂志如《比较法律科学杂志》《外国公法和国际法杂志》等也分别于1953年、1955年复刊。战后创立的其他马普所也各自出版自己的刊物。

1950年,在汉堡马普所所长汉斯·德勒(Hans Dölle,1893—1980)的建议下,成立了德国比较法学会。该学会通常每两年举行一次年会。[2]

1894年创立的"比较法律科学和国民经济学国际协会"一直存续至今,现更名为"比较法协会"。该协会是"国际法律科学协会"的德国会员,也是推动德国比较法研究的一个主要组织。它分为包括欧盟法、比较法律史和法律民族学在内的9个小组,每年举行两次年会,并和其他国家的姊妹协会共同组织大会,编辑和发行一系列比较法研究成果。

上述研究所、杂志和协会都大力推动了二战后德国比较法研究的恢复、繁荣和进一步发展。

---

[1] [德]根特·弗兰肯伯格:《批判性比较:重新思考比较法》,贺卫方、王文娟译,载梁治平主编:《法律的文化解释》(增订本),生活·读书·新知三联书店1998年版,第230页。

[2] 我国的《比较法研究》2001年第1期刊登有德国比较法学会1950—2001年的有关年会信息。

第二节 比较法的研究方法

比较法的研究方法是二战后至今比较法学界最核心的问题之一。它一方面建立在法哲学对法的解释的基础之上,另一方面又直接决定了比较法的研究范围、任务与研究的深度。

二战后,德国法学者相继发表了一系列论文和专著来讨论这一问题,主要有茨尼彻(Adolf F. Schnitzer)的《比较法律学》(1961)、桑德罗克(Otto Sandrock)的《论比较民法的意义与方法》(1966)、茨威格特的《比较法,体系与教义学》(1969)、德罗布尼希的《从〈国际比较法百科全书〉看比较法的方法问题》(1969)、德勒的《法律教义学与比较法》(1970)等。然而,随着功能比较方法越来越为人们所接受,这些激烈的争论逐渐归于平静。

一、功能比较方法

功能比较方法,或称功能主义(functionalism)、功能方法(functional approach),如前文所述,最初由德国著名比较法学家拉贝尔提出。随着1939年拉贝尔被迫逃亡美国以及大批德国法学家流亡海外,功能主义得到进一步的发展却发生在美国。

拉贝尔到美国时由于年事已高和遭受歧视待遇,无法从事教学,在法学领域只是一个边缘角色,从而难以充分发挥个人的能力,无法直接号召和影响比较法学界。然而,他的几个最亲密的弟子却成为美国比较法学界的领导人物,例如凯斯勒是耶鲁大学法学教授、鲁因斯坦是芝加哥大学法学院的教授。在他们的努力下,功能主义从欧洲传播到美国,并进一步发扬光大,成为美国比较法研究的主导方法。

二战后,这批比较法学家与其德国同仁保持着密切的联系:他们互任对方的客座教授,互派留学生,共同参与合作项目。通过这些方式,功能方法反哺了德国的比较法,并成为德美两国比较法学界进行交流的智识纽带。

二战后拉贝尔已定居美国,尽管由于早期的卓越贡献,他被德国授予奖金和客座教授的荣誉,但他本人对德国比较法也不再具有直接的影响力。然而,他的忠实弟子如凯尔默尔(Ernst Von Caemmerer)和克基尔(Gerhard Kegel)等却在德国比较法学界占据着领导地位,其他弟子如汉尔斯泰恩(Walter Hallstein)等已是政界要人,他们在德国形成了一个权力集团。拉贝尔的研究成果因此获得支持,并几乎毫发无损地传递给下一代学术界。

后来,茨威格特及其高足克茨在继承最初由拉贝尔提出的方法论的基础上,在继续批判、规范比较方法的过程中,进一步发展和确立了功能主义的比较方法。1971年,他们合著完成了《比较法总论》,在这一西方当代比较法研究体系性概论的优秀成果中,功能主义的方法论得到了最系统的阐述和完善。[1]自此,功能主义不仅成为德国而且也成为世界比较法研究的正统方法。

今天,人们已经普遍认识到,进行法律比较时,必须采用功能的方法:不仅要分析法律规范是如何具体规定的,而且要分析在各自的法律体系中它们到底要解决什么问题;如果想要把握法律的更深层的意义,就必须在规范的社会背景下,至少要在现存的法律秩序的制度框架内以及在社会经济和文化的大环境下去思考它们,即不仅必须考察纸面上的法律,而且要考察实践中的法律,诸如法律的应用和解释,它们的真正力量和效果,也包括它们的无效。一言以蔽之,功能主义使人们超越了纯粹的法律规范的比较方法。[2]

二、跨学科研究方法

早在1925年,拉贝尔就曾提出这方面的要求,而只是到了二战以后,随着比较法研究的逐步深入,跨学科研究方法(interdisciplinary approach)才被逐渐应用到比较法领域。这正是功能主义在比较法研究中的具体运用,它使学者们从原来专注于对法律规范的研究,转向对各种社会事实进行观察和探讨。

1. 法律史和比较法

比较法的视线落在现代世界中大量存在的法律秩序,而法律史则研究在

---

[1] Mark Van Hoecke, Mark Warrington, "Legal Cultures, Legal Paradigms and Legal Doctrine: Toward a New Model for Comparative Law", in: *International and Comparative Law Quarterly* (1998), vol. 47, p. 495.

[2] Mathias Reimann, "The Progress and Failure of Comparative Law in the Second Half of the Twentieth Century", in: *The American Journal of Comparative Law* (2002), vol. 50, pp. 679-680.

时间上作为历史的法律秩序。两者本是不同的法学学科。然而,有趣的是,现代比较法的奠基者们主要是重要的法律史学家,今天的学者也不再把两者截然分开,并且日益重视法律史在比较法研究中的作用。

根茨梅尔(Erich Genzmer)的《论法律史与比较法的关系》(1954、1955)和《一个大陆法的法学者对比较法律史的评价》(1966、1967),科英(Helmut Coing)的《欧洲法律史对于比较法的重要意义》(1968),塞默尔曼(Reinhard Zimmermann)的《萨维尼的遗产:法律史,比较法和欧洲法律科学的产生》(1996),克茨的《法律史对比较法的现代任务的贡献》(1998),等等,一系列论文都反映了法律史和比较法这两者间水乳交融的关系。

通过研究,这些学者认为,比较法学必须考虑有关法律制度和法律秩序的历史基础,阐明法律内在的以及外在的推动力和背景,而不能仅关切当前形诸文字的法律。而且,在一些情况下,根本不可能将历史研究与比较法区分开来——何处是其中一个的终点,何处是另一个的开端?在哪一点上法律史学家较之于比较法学家更有发言权?这些问题没有确切的答案。它们就像孪生姐妹,将其清晰地区别开变得愈发困难:一方面,一切法律史的研究都是运用比较法的一种作业;另一方面,如果缺乏历史感,甚至现代比较法学者都不能够理解外国的解决办法——"没有法律史,比较法是不可能的!"[①]因此,若要了解法律以及法律着手解决的问题,就必须调查它们的历史。

基于此,德国法学者进一步将有关现代各个体系的比较法称为"横向比较法(horizontale Rechtsvergleichung)",而比较法律史则为"纵向比较法(vertikale Rechtsvergleichung)"。[②]

2. 法社会学和比较法

法社会学旨在阐明法律和社会之间的因果关系。它试图发现某些规律性,根据这种规律性人们可以判断,法律是否或者在什么前提下能够调整人类的行为,以及法律在这方面怎样对社会变革——不论是政治的、经济的、心理

[①] 参见[德]伯恩哈德·格罗斯菲尔德:《比较法的力量和弱点》,孙世彦、姚建宗译,清华大学出版社2002年版,第115页。

[②] 参见[德]K·茨威格特、H·克茨:《比较法总论》,潘汉典等译,法律出版社2003年版,第13页。

的或者人口统计的变化做出反应。

20世纪70年代以来,随着法社会学成为西方法学研究的主导范式,社会学研究方法也开始在德国比较法学中得到越来越广泛的运用。德罗布尼希的《比较法中的社会学方法》(1971),格斯讷(Volkmar Gessner)的《应用比较法的社会学思考理论》(1972)、茨威格特的《比较法的社会学之维》(1974)、本达·贝克曼(Keebet von Benda Beckmann)的《法律社会学与比较法的关系简论》(1979),以及马蒂尼(Dieter Martiny)的《比较法和比较法律社会学》(1980)等学术成果集中体现了社会学方法对于比较法研究的重大价值。

首先,比较法学者容易带着某一个国家或者某一种文化色彩的偏见,或者暗中以某种社会关联的存在作为其进行比较的前提条件。而法社会学则有助于他们摆脱法学上教条主义的先入为主之见和自己文化上的关联,尽可能地用"中立的"概念来对不同的法律秩序中的规则进行比较。

其次,法社会学提醒人们,人类行为受法律支配的只有一部分。它使比较法学者认识到,人们应当考虑的不仅是制定法的规定、法官的判决、书本上的法学理论,甚至不仅是一般商业条款、习惯和惯例,还应当包括塑造人们行为的法律生活中的一切事情。总之,它培养了比较法学者对于在一切情况下支配人类行为的非法律方式的敏感性。

最后,当比较法学者描述他查明的法律上的类似和差异的原因的时候,社会学和其他学科会指导他可以将网撒得多远,以及必须和为什么根据所研究的问题的性质还要考察政治权力分配、经济体制、宗教与伦理的价值观念、家庭结构以及其他许多情况。

三、经济学与比较法

20世纪80年代以来,法律的经济分析方法逐渐为人们所接受。对法律规则进行经济学的分析,目的是要回答以下两个基本问题:法律规则施加于个人行为的效果是什么?这些效果是社会所追求的吗?解决这两个问题所用的方法就是人们通常所说的经济学分析。在这里,个人被假设为"理性人"——他总是将其决定基于对未来的预期而非对过去的懊悔;他在其生活目的、满足方面是一个理性最大化者,总是根据个人的价值偏好和给定的限制,选择他认为是最好的那种结果。①

  德国的比较法学者试图对经济分析方法加以运用。在研究中,他们发现了频繁发生的一个法律现象,即各种不同的法律秩序,尽管在其历史发展、体系和理论的构成及其实际运用的方式上有巨大的差别,但是对同样的生活问题却采用了非常相似甚至相同的解决方法。②他们把这一现象总结为"比较法的一条基本规律"。③法律的经济分析法为他们思考这一问题提供了新的思路:立法者和法官们是否都无意识地受到了同样的经济学逻辑的支配,才不约而同地采用了相似或相近的解决办法?

  2000年,克茨率先发表了《信息披露的先合同义务:一个比较和经济学的视角》论文,这是经济学分析在德国比较法研究中的一个大胆尝试。④

  另外,地理学、文学、政治学、语言学等学科对比较法研究的介入在德国也微露端倪。

  尽管和其他科学领域一样,德国比较法学界大力倡导跨学科研究,它也日益为人们所接受,但是相形之下这方面的研究成果还显得相当滞后。其具体运用尚属例外,整个局面还没有打开,学者们依旧在最初的学科范围内故步自封,对跨学科研究的反应甚是迟钝。针对此,克茨批评道:"不容忽视的是,法律学科的自治还有相当大的支持力。假如法律概念的高度技术性和形式化特征以及对它们的复杂化培植依然存在,假如根深蒂固的学术傲慢继续保持,假如法学教授们闭关自守,不与其他社会学科的同事们进行交流,那么,目前比

---

  ① [美]理查德·A·波斯纳:《法律的经济分析》(上册),蒋兆康译,中国大百科全书出版社1997年版,第4—8页。

  ② 这一现象也被称为法律体系的"共同核心(common core)",它曾吸引了数十位法学家的注意。早在20世纪60年代,美国比较法学家施莱辛格曾发起"康耐尔"计划对此问题进行研究;而今,在马泰(Ugo Mattei)和布塞尼(Mauro Bussani)等人的领导下,来自世界各国的几十位法学家组成了"欧洲私法共同核心工程(Common Core of European Private Law Project)"工作组继续这一研究。参见 David S. Clark, "Centennial World Congress on Comparative Law: Nothing New in 2000? Comparative Law in 1900 and Today", in: *Tulane Law Review* (2001), vol. 75, pp. 909 - 910。

  ③ 参见[德]K·茨威格特、H·克茨:《比较法总论》,潘汉典等译,法律出版社2003年版,第54页。

  ④ Mathias Reimann, "The Progress and Failure of Comparative Law in the Second Half of the Twentieth Century", in: *The American Journal of Comparative Law* (2002), vol. 50, p. 675.

较法跨学科研究的落后局面就不会改观。"①

让人欣慰的是,在德国,人们已经认识到整个法学尤其是比较法学必须开放眼界,必须接受其他学科的思想和影响。毕竟,比较法的命运取决于它能否充当联系法和其他社会学科领域的媒介;跨学科研究是比较法生存下去、走向成功的唯一机会。②

第三节 比较法的研究范围

二战以后,随着功能主义日益被接受以及跨学科研究方法的逐渐应用,德国比较法的研究领域不仅在世界范围内不断扩大,而且也从20世纪以来所形成的以私法为中心的学术传统中突破出来,对公法领域和其他领域的比较研究也有一定程度的进展。

一、社会主义法系

二战后德国比较法的研究范围扩大到世界上所有的法律秩序,包括大陆法系、普通法系、社会主义法系以及其他法系等。尽管这些法律秩序在历史传统、概念结构、发现和适用法律的原理与技术的风格方面都有很大的不同,但在功能主义的指导下,德国的大多数比较法学者认为,对所有这些不同的法律秩序进行比较不仅是可能的,而且也是有用的和有益的。

二战后,东欧、亚洲出现了诸多社会主义国家。许多联邦德国的比较法学家将其注意力转向所谓的"社会主义法系"。与此同时,围绕着社会主义法系与资本主义法系之间能否进行比较展开了激烈的争论。社会主义阵营中占优势的一种观点,直到20世纪60年代,还坚持认为,社会主义法的功能同资本主义法的功能完全不同,因而将两者进行比较毫无可能,也毫无价值;比较法最多只适合于用作证明社会主义法的优越性的手段。联邦德国法学者如比林

---

① Hein Kötz, "Comparative Law in Germany Today", in: *Revue Internationale de Droit Comparé* (1999), vol. 51, p. 757.

② Ugo Mattei, "An Opportunity Not to Be Missed: The Future of Comparative Law in the United States", in: *The American Journal of Comparative Law* (1998), vol. 46, pp. 716-718.

斯基(Andreas Bilinsky)也认为,由于意识形态的差异,尤其是经济结构和社会的实际差异,社会主义法和资本主义法之间的比较,基本上是不可能的,而且也是徒劳无益的。

但在联邦德国比较法学界,大多数学者却有力地肯定了这种比较的意义和效用,如勒贝尔(Dietrich Loeber)的《不同经济秩序的各国之间的比较法》(1961)、茨威格特和普特法肯尔(Hans-Jürgen Puttfarken)的《在不同社会秩序中类似的法律制度的可比性》(1973)、德罗布尼希的《在不同经济体制下的法制之间的比较法》(1984)等都持这一观点,即不同法律秩序进行比较的可能性是基于法律需要的同类性质,除非当西方和社会主义的法律体系的这种法律需要完全不同时,这种根本上的不可比较性才能确立。[①] 例如,社会主义国家中的侵权法、家庭法、刑法以及诉讼程序法和资本主义国家一样发挥着相同的功能;即使在国家计划经济体系中的国营企业之间的契约,也有对违约一方实施制裁以保证契约得以履行的实际需要。

在这种认识的指导下,一系列在东西方法律秩序间进行具体比较的学术成果产生了,其中有赖塞尔(Ludwig Raiser)的《西欧东欧法律中作为法律概念的所有权》(1961)、雅克布斯(Otto-Wilhelm Jakobs)的《德国与苏联法中作为法律制度的所有权》(1965)、勒贝尔的《强制订立契约,苏联法中计划契约与联邦德国法中"指令契约"之比较研究》(1969)等。

然而,随着苏联的解体,德国法学者认为"社会主义法系"实际上已经消失了,而今对东西方法律的比较研究纯属出于历史兴趣,而不再像以前那样具有现实的意义。

二、非洲和东欧国家

随着二战后非洲大批民族独立国家的出现,20世纪六七十年代,德国比较法学者又开垦了一个新的研究领域。新兴的民族国家获得独立后,面临着法律制度重建的艰巨任务。先前的殖民统治已经结束,然而却留下了一些西方

[①] Hein Kötz, "Comparative Law in Germany Today", in: *Revue Internationale de Droit Comparé* (1999), vol. 51, p. 758.

法律的遗产,它们或多或少地吸收了大量甚至没被记录下来的当地民族习惯和宗教法,这些法律彼此混杂在一起,亟待清理。

比较法学者为这些新国家政府提供援助,帮助它们记录各种各样的习惯法,并对其进行分类和重述;给它们提供法律技术和经验来草拟法规,而且还给它们的法学院派送教育人才。

东欧国家的法律重建工作也使德国法学者面临着相似的任务。1989年,东欧社会主义国家剧变后,其政府改变社会主义法律体系,重新制定法律规范。这为西欧的法学家们创造了新的机遇。彼时,他们热切期望这些国家能够采纳他们的研究成果和立法建议,能够达成共同的立法方案,至少能以西欧的法律为蓝本,制定一个共同的债权法;希望借此机会,推动欧洲法律的统一进程。

然而,让他们失望的是,"欧洲国家的民族骄傲再度涌现,每个国家决定走自己的路。它们时而依靠德国法和瑞士法,时而指望荷兰新民法典,时而又转向维也纳国际货物买卖合同公约,偶尔,在商业和经济事务上,也注意普通法"。[①] 在他们看来,各国的学者和实务家们在立法事务上互相竞争,积极地建议政府和立法者起草新法规,而对通过比较法谋求欧洲法律的协调和统一这一重大意义还缺乏足够的认识和理解。

三、公法领域

自1900年以来,德国的比较法基本上以私法为中心,这种偏好一直持续至今,依旧没有明显的改观。结果,比较法学家们绝大多数也是私法学家。

长期以来,人们认为,公法在很大程度上以一个国家的特殊的政治结构为基础,而且常常带着国家对个人作用强烈干预的色彩。因此,对公法的各个部门进行比较,如果说并非不可能,但至少是颇为困难的。另外,与私法相比,人们进行公法比较时,也很难简单地得出结论说哪一个解决办法更好。

但所有这些并没有足够的说服力,不能因此否定公法比较的价值。法学

---

① Hein Kötz, "Comparative Law in Germany Today", in: *Revue Internationale de Droit Comparé* (1999), vol. 51, pp. 759-760.

者们认识到,公法和私法在比较法领域内并不能截然分开,例如,因损害而产生的侵权案件,在一个法律体系中通过私法救济来解决,而在另一个法律体系中却可能通过行政手段和(或)刑事制裁来处理。而且公法和私法之间的划分从来没有被普通法国家所接受,两者的界限在大陆法司法管辖权内也变得模糊不清。因此,比较法学者必须把两者放在同等的位置上进行考察。① 战后德国比较法领域的一些有重大影响的研究成果,如耶舍克(Hans-Heinrich Jescheck)的《比较刑法的发展、任务和方法》(1955)、库尔(Kristian Kühl)的《欧洲化的刑法科学》(1997)等有力地证明了公法比较的重大意义。

德国法学者的研究也深入到国际公法(德国称之为国家法)领域。赛德尔-霍亨费尔登(Ignaz Seidl-Hohenveldern)的《比较法在国际法中的作用》(1960)、伯恩哈德(Rudolf Bernhardt)的《公法领域比较法的特点和目标》(1964)、海布龙内尔(Kay Haibronner)的《国际法的比较法的目的与方法》(1976)等反映了这一迹象。

乍看上去,国际公法和比较法没有什么关系,因为国际公法是真正超国家的普遍性的法律。然而,学者们认为,国际公法领域同样离不开比较法的研究。例如,要理解《国际法院规约》第38条第1款C项规定作为国际公法渊源之一的"各文明国家所承认的一般法律原则"的涵义——它是否意味着所有国家一致承认的法律原则,抑或是由大多数国家承认的法律原则,不使用比较法是不行的。上述研究还表明,比较法的方法尤其在国际条约的解释、国际法的习惯法概念和形态的正确理解方面极为有用。像"契约必须信守""情势不变条款",国际法上的权利滥用学说等国际法的规则,都来源于各国私法制度。因此,只有通过比较法,才能将它们的潜力充分发挥出来。

哈贝尔(Peter Häberle)的《共同欧洲宪法》(1991)表明,无论是对于学术分析还是对于宪法裁判,在宪法领域进行的比较研究无疑都具有重要作用。设在法国斯特拉斯堡的欧洲人权法院对《人权公约》的解释,在某种程度上依赖于对各成员国法律的比较研究,假若忽视这一事实,又如何理解欧洲人权法

---

① Hein Kötz, "Comparative Law in Germany Today", in: *Revue Internationale de Droit Comparé* (1999), vol. 51, p. 760.

院的判决?

施瓦茨(Jürgen Schwarze)的《欧洲行政法》(1988)、施密德塔斯曼(Eberhard Schmidt-Assmann)的《德国和欧洲的行政法》(1993)、朱力格(Manfred Zuleeg)的《德国和欧洲的行政法》(1994)等论著也将比较法引入到行政法领域。设立在卢森堡的欧洲法院也用比较法来发展行政法规则。这些规则不但建立在欧洲法院对成员国行政法进行比较评价的基础上,而且又开始反过来对成员国的法律施加影响。学者们指出,通过比较分析这一基本手段,一个"欧洲行政法"可以完善地发展起来。[①]

四、宏观比较领域

除了上述研究领域(包括地理、政治意义上的以及法学各部门的),德国比较法还发生了另外一种研究领域的变化,借用克茨的界定,不妨称之为从微观比较(microcomparison)到宏观比较(macrocomparison)。[②]

在比较法发展的早期阶段,其研究重点是进行微观比较,也就是说它比较的是各个法律制度或者法律问题,从而比较那些在不同的法律秩序中用以解决一定的具体问题或一定利益冲突的规则。例如,在交通事故中,损失的清算应当按照什么规则?在离婚案件中,对于子女监护权的分配,什么观点是决定性的?如果父母在遗嘱中置非婚生子女于不顾时,后者有哪些权利?在现代比较法中,这类比较理所当然地占据着中心位置。

二战以后,随着社会学方法在比较法研究中的广泛运用,宏观比较的地位开始日益突显。埃塞尔(Josef Esser)的《法官在私法培训中的原则与规范》(1964)、维阿克尔(Franz Wieacker)的《制定法和法官技术规范》(1967)、克茨的《论最高法院判例的风格》(1973)和《在英国和德国民事程序中法官与律师职能的划分》(1982)、费肯彻尔(Wolfgang Fikentscher)的《作为法典法与判例法基础的判例法理论》(1980)等一系列专论以及《比较法总论》中的大量研究

[①] Hein Kötz, "Comparative Law in Germany Today", in: *Revue Internationale de Droit Comparé* (1999), vol. 51, p. 761.

[②] Hein Kötz, "Comparative Law in Germany Today", in: *Revue Internationale de Droit Comparé* (1999), vol. 51, p. 759.

都有力地说明了这一发展趋势。

上述研究成果表明,宏观比较的对象不是具体的各个问题及其解决方法,而是处理法律素材的一般方法,调解、仲裁和裁判争议的程序,或者律师从事法律工作时所使用的方法。例如,比较阐述不同的立法技术、法典编纂方式和法律解释的方法,判例的效力范围,学说对于法律发展的意义,以及各种不同的判决方式。在这里,还可以比较研究在不同的法律秩序中解决纠纷所采取的方式,并考察它们在各自的生活现实中产生什么效果。就此来说,各国法院的司法程序成为比较研究的首要对象:不同国家的诉讼中关于认定事实和适用法律这项任务,在律师与法官之间怎样分配?在民事或刑事诉讼程序中分配给非专业法官担任什么角色?法院对于轻微案件的处理是否有特别的方法?如果有,又是什么样的方法?而且,近来这方面的研究并不局限于国家的法院和法官,也注意考虑所有解决纷争的实际方法。

比较研究在法律生活中活动的一定的人的任务和功能,也是宏观比较的一个方面。在德国比较法学界,这被认为是一个大有作为和富有前途的研究领域。茨威格特的《法德法学者:比较类型学的尝试》(1967)、鲁埃舍梅耶(Dietrich Rueschemeyer)的《德国和美国的法律家:律师职业与社会的比较研究》(1976)、克茨的《学术与法院:一个比较的视角》(1990)等即属于这方面的研究成果。这类比较以马克斯·韦伯(Max Weber,1864—1920)的一个法社会学理论作为基础。韦伯曾指出,那些富有威望的法律家,即他所说的"法律名流(Rechtshonoratioren)"[①]的职业训练,他们的活动、组织和兴趣等,在很大程度上决定了特定社会中的法律风格。这个理论引导比较法学者去"研究那些在各国操纵和领导法律执行系统的所有人员,并思考一个特定的法律体系的风格在何种程度上受这些人的态度和职业角色的影响"。[②]

[①] 这个词源自拉丁文"honoratiores",原指具有较高荣誉者。在法学著作中,通常指这些人:(1)他们以专家的知识解决法律问题和(2)他们在该社会特定的集团中享有的声望足以使他们对本国法律的发展具有某种影响。参见[德]K·茨威格特、H·克茨:《比较法总论》,潘汉典等译,法律出版社2003年版,第207页中译者注。

[②] Hein Kötz, "Comparative Law in Germany Today", in: *Revue Internationale de Droit Comparé* (1999), vol. 51, p. 759.

为此,学者们认为,首先要观察法官和律师,或者更准确地说,要观察那些履行法官或者律师顾问职能的人们;还有那些从事立法准备工作的各部门或者议会的法律家、公证人、出席法庭的鉴定人、保险公司的损害赔偿案件的专职人员以及大学里的法学教师等。总之,对这些人在法律生活中的任务与地位进行比较考察日益受到德国比较法学者的重视。

第四节 比较法的功能

德国比较法有多种重要的功能,这里介绍的仅限于它在社会实践中的若干功能。

一、协助立法

德国比较法最重要的功能之一是协助法律制定机关草拟立法。德罗布尼希与多普费尔(Peter Dopffel)的《德国立法者对比较法的运用》(1982)对此做了详细的介绍。

二战后,德国任何一项立法计划无不或多或少地运用到广泛的比较法研究。德国刑法改革、国际私法改革和家庭法改革以及为数甚多的其他立法规定,如商事代理人法、公司法、反垄断法,联邦宪法法院引进的在判决书上载明少数法官反对意见制度,关于隐私权的一项条例草案,暴力犯罪受害人赔偿法、改变性别法、法律指导援助法等无不如此。联邦德国司法部在修改债法时也从事了比较法的考察。最近,有关证券管理和证券交易所法、集团诉讼法以及同性伴侣登记法等的比较法报告,已经呈递给德国司法部,为其正式立法打造基础。

一般情况下,德国司法部会委托那些对相关问题有丰富经验的大学教授对有关立法问题从比较法方面拟就报告,或以专家鉴定的方式提供立法资料。如果这类工作需要大量的图书资源和人力的投入,司法部将委托其中一个马普研究所来承担这些任务。由上文介绍可知,德国共有5个马普研究所专门从事特定领域的国际法和比较法的研究,因此能游刃有余地帮助政府改革和完善国内法。

二、筹备法律的协调和统一

筹备法律的协调与统一也是德国比较法的一个重要功能。所谓法律协调（harmonization），是指在保留不同法律的形式差异的前提下达到法律的实质统一；而法律统一的目的，则是要在理想和可能的范围内，通过超国家的各项原则的一致性，协调或者消除各国法律秩序之间的差异。[①]

近十几年来，由于德国对《联合国国际货物买卖合同公约》规则的导入，以及欧洲的一体化进程等因素，人们对法律的统一和协调的需要急剧增加；而法律的统一、协调和接近则依赖于多途径的比较法研究。因此，这方面的工作在德国多方位地开展起来。

为了证实一个特定问题究竟能否统一，必须先进行初步的比较研究；假若某个统一方案一旦做出决定，常常需要拟订一个比较报告，要求极细致地叙述各国法律秩序之间的共同特征、近似点与分歧处；接下来就需要考察分歧背后的原因，统一方案的可行性以及可能的形式。另外，一旦某个统一方案实现后，还需对统一的法律文本进行解释，对法院的统一适用提供帮助。

1936年出版的拉贝尔的《货物买卖法》曾是这方面比较研究的典范，它对国际买卖法的统一功不可没。而今天，施莱希特里姆（Peter Schlechtriem）主编的《〈联合国国际货物买卖合同公约〉评论》则是德国在这一领域的最重要的成果。1998年它的英文版本已经发行，在德国以外也产生了重大影响。

三、帮助法官进行司法解释

德国比较法的另一个实际功能在于帮助法官对所适用的法律规范做出解释。法官的主要职责在于严格地适用本国法律。因此，当本国法律有明确规定时，外国法律材料不能在本国适用。但是，当本国法律规定含糊不清，不能提供运作指导时，或者当一项法律制度出现缺漏，必须由法官进行填补时，法官能否讨论和援用外国法院的解决办法？

[①] 参见［德］K·茨威格特、H·克茨：《比较法总论》，潘汉典等译，法律出版社2003年版，第34—35页。

第二章 当代德国的比较法学

德国法学者,如茨威格特在《作为普遍的解释方法的比较法》(1949、1950)中指出,既然现代的立法者为了寻求更优越的解决办法,在立法中广泛运用比较法,那么法官为什么不能在对本国法律规范进行解释时,同样运用比较法,为法律的国际协调做出一份小小的贡献?德国联邦最高法院前任院长欧德斯基(Walter Odersky)曾在《协调性解释与欧洲法律文明》(1994)中对这点持肯定的态度,他说:"联邦法官在做出判决意见时,他有权结合其他国家法院和法律体系的观点,也有权……将一个特定的解决办法有助于欧洲法律的协调这一因素考虑进去。在适当的案件中,这一点可以作为他最终采纳其他法律体系的解决办法的论据;随着欧洲一体化不断推进,这也是他日益频繁这样做的论据。"[1]

目前,比较法在德国司法解释中的运用大致可分为两种情形:

其一,为了贯彻执行欧盟的指令,而对欧盟成员国统一适用的法律和法规(简称统一法)进行解释时,有相当多的案件会运用外国的法律材料。在这类案件中,法官必须想办法找到一项能够促进法律统一的解决方案,这就经常需要比较法解释。法官因而必须考虑外国的法院和学说对相关问题如何解释,他也必须通过他对有关各国法律体系全面考察得到一般法律原则的调研,将规定中存在的缺漏加以填补。

其二,在对纯粹是德国国内法进行解释时,直到现在为止,德国法院还很少依靠外国的法律材料。[2] 而且即使有少量的运用,其运作方式也与前者有明显的区别。在这里,法院常常将比较法的论证同本国法的法律解释方法连在一起,用于确认和支持先前早已借助于传统的解释方法所获得的结果;也就是说,比较法在这里只是一种辅助性的法律解释方法,只被用来加强既定判决的说服力。例如,在一个案件中,一名严重残疾的儿童起诉他母亲的医生,为"错误的生命"要求经济赔偿——假如没有医生的疏忽大意而失察,他根本不会降临人世。在驳回原告的诉讼请求时,德国联邦最高法院参考了英国玛凯伊诉

---

[1] Hein Kötz, "Comparative Law in Germany Today", in: *Revue Internationale de Droit Comparé* (1999), vol. 51, p. 763.
[2] [德]伯恩哈德·格罗斯菲尔德:《比较法的力量和弱点》,孙世彦、姚建宗译,清华大学出版社2002年版,第57页。

埃塞克斯郡卫生局案(Mckay V. Essex Health Authority)的判决以及美国的同类判决。又如,关于证据规则问题,在告知犯罪嫌疑人有权保持沉默、有权咨询律师、有权在审问中要求律师陪同之前,警察所得到的有关陈述,能否被检控方作为不利于被告的证据? 联邦德国最高法院认定这类陈述不可接受,在支持这一决定时,它不仅援引了美国联邦最高法院在米兰达诉亚利桑那州案(Miranda V. Arizona)中的著名判决及其后的衍生判决,而且也援引了法国、意大利、英国和荷兰法律中的相关规则。同样,为了禁止在刑事诉讼中使用测谎器试验,德国联邦最高法院还依据了美国判例及美国心理学家的研究成果。

无论如何,今天,德国的外国法和比较法研究在法院司法解释中的运用与过去相比,变得更为开放、更为丰富,也更容易为人接受。[①]

第五节 比较法的追求目标——"欧洲共同法"

传统上,德国比较法的目标在于给立法者、法官和法学者提供更为丰富的各种可能的解决办法,帮助他们改革和完善本国法。这类研究极有价值,绝非那些闭门造车的法律家仅凭想象就能得到。尽管如此,目前它却面临着严峻的挑战,原因在于它把国家法律看作是特定的和不变的,它之所以注意外国法律材料,只是为了寻找其中哪些对本国法律有用。因此,德国的比较法学者认为,这种追求目标仍然保持着民族主义的成分,这不能不说是它的一个缺陷。[②]

另一方面,随着欧洲一体化的推进,早在20世纪80年代初,德国有少数几个学者率先提出,如果欧洲形成了没有贸易壁垒的统一大市场和共同体,那么它也很可能需要一个共同的私法。[③] 但在当时,这种观点并未引起人们的注

[①] Hein Kötz, "Comparative Law in Germany Today", in: *Revue Internationale de Droit Comparé* (4-1999), p.764.

[②] Konrad Zweigert, Hein Kötz, *An Introduction to Comparative Law* (1998), Tony Weir (trans.), 3rd ed., Clarendon Press, p.29.

[③] 其中影响较大的是1981年克茨发表的《共同欧洲私法》。

意。1987年,随着《单一欧洲条约》(Single European Act)的生效,西欧的政治一体化取得了历史性进展。不久之后,1992年《马斯特里赫特条约》的签署进一步加快了这一进程。这就为制定欧洲共同私法的构想注入了新的活力。在这种背景下,德国比较法开始提出一个新的追求目标——"欧洲共同法(ius commune europaeum)"。

自"欧洲共同法"成为新目标后,德国比较法就从国家的法律秩序中超越出来,开始在整个欧洲的层面上进行思考和研究。不仅如此,其形象也发生了很大的变化,它再也不是具有"灰姑娘情结"的边缘角色,而成为一门充满雄心、积极参与实践,并且颇富声望的热门学科,其发展势头和产生的影响更是前所未有。这些都让其他国家的学者羡慕不已。[1] 这部分内容,值得展开进一步阐述,详见本书第三章。

第六节 比较法和法律教育

比较法学者非常看重比较法在大学教育中的状况,因为这是衡量学科重要性的尺度,由此可以看出比较法在一国法律学科中所处的地位。

德国法学者认为,比较法对于大学教育意义重大。通过它,年轻的法律人可以提高认识境界,学会尊重其他民族独特的法律文化,加深对本国法的理解,并为完善本国法介绍批判准则。比较法还是有效的"解毒剂",能够消除对法律教条的盲目崇信——它使人们认识到,一旦突破本国法的藩篱,曾被视为自然真理的法律往往名不副实,而法律体系的基本概念和分类,有时对于实践中的法律却毫无作用,只不过是无用的职业游戏。[2]

比较法对于法律人的社会实践也同样重要,尤其在当代,国际贸易的扩展、各国人员之间的频繁流动以及律师执业形式的变化、律师事务所对职业资格的更高要求等都使年轻一代的律师面临前所未有的挑战,要求他们不仅要

---

[1] Mathias Reimann, "The Progress and Failure of Comparative Law in the Second Half of the Twentieth Century", in: *The American Journal of Comparative Law* (2002), vol. 50, p. 691.

[2] Hein Kötz, "Comparative Law in Germany Today", in: *Revue Internationale de Droit Comparé* (1999), vol. 51, p. 767.

掌握本国法,而且还要了解足够的外国法律和国际法律作为知识储备,以应对大量的国际交往事务。

尽管如此,比较法在德国大学课程中所占的地位仍然相当低微。在德国,各大学的比较法教学安排殊不一致。目前德国所有大学都开设一门"比较法概论",其中包括这门学科的任务和方法,它同其他法律学科的关系,以及世界法系概览等内容。专门讲授某一法律秩序,如法国法,或者专门讲授由同源的法律秩序构成的某一法系的法律,比如普通法,这种情况就比较少了。至于开设"比较法律制度",研究所有或者若干法律秩序在某一个特定的法律领域里,诸如在合同法、公司法或者产品责任法方面是如何处理的,以及把每一个国家的规则与其他法律秩序中有关的功能上的对应物结合在一起,进行从头到尾的比较,这种课程就更少了。

最近几年来,德国比较法的大学教育情况稍有改善。欧盟委员会已经着手实施了名为"苏格拉底(Socrates)"和"伊拉斯谟(Erasmus)"①的两项计划。在计划的安排下,德国有一批学生到欧盟其他成员国的法学院学习一个学期。还有一些学生参加国际夏季课程,学习比较法、国际公法、欧洲法等。德国几乎所有的法学院都为外国留学生设置了特殊学位,其中一些也为同时修完国内与国外规定课程的本国学生授予"欧洲学位(Euro-degree)"。外国语法律课程在学生中颇受欢迎,几所大学已在这一领域赢得了很高的声誉。

即使如此,也只有具备强烈学习动机的学生才可能利用这些机会,这样的学生毕竟数量有限。这与社会的迫切需要相比,无异于杯水车薪。

学者们指出,全部症结在于德国目前的法律教育体制,而要根本改变现状,使比较法在公共法律教育中取得真正的进展,就必须改革当前的教育体制。②

在欧洲其他国家,每个法学院都可以自主决定开设哪些课程,并随社会的

---

① 伊拉斯谟(Erasmus,1469？—1536),荷兰人文主义者,欧洲北方文艺复兴运动中的重要人物、奥斯丁会神父,著有名作《愚人颂》。
② Hein Kötz, "Comparative Law in Germany Today", in: *Revue Internationale de Droit Comparé* (1999), p.768.

需要对课程进行调整。然而,德国的法学院却没有这种自主权。① 在德国,实行"国家对未来法律家进行考试"的教育体制。② 在这种体制下,学生的最终考试由国家全权负责:考试内容由国家详细规定,主考官由国家充任,考试成绩对应试者至关重要。而学生平时在国内外所学课程得到的成绩在其中几乎一文不值。

与此相应,德国大学的法学教育也以国家考试为目的来实施,大学本身不规定必修科目或选修科目,而由学生根据国家考试中的"必须"和"选择"为标准进行学习。因此,在此体制下,法学院所有的主动性被剥夺得干干净净。无论法学院的教育有多么好,知识面有多么广博,又如何启发人的想象力;无论学生在校期间,尤其在国外学习期间,表现得多么优秀,这些统统都无关紧要。其结果是,德国的法律教育变得非常封闭,它关注的几乎完全是国内法律。③ 由此,外国法和比较法在大学教育中的地位可想而知。

针对这种情况,德国的比较法学者强烈呼吁撤销对法律教育的管制,要求同世界上其他国家一样,由大学自己而不是国家负责考试,并以大学学位取代国家考试。④ 他们认为,只有这样,法学院才能最终获得行动的自由和互相竞争的机会,才能逐步地为适应社会需要进行课程的调整,并且,能够如同科英在其《欧洲共同法:历史基础》(1978)中所说:"去改变统治19世纪法律教育的(法实证主义)思想,即认为只有国家的法律才是

---

① 德国的大学没有毕业制度,若想成为法律家,必须通过两次国家考试。这种考试并非全国统考,而是由各邦根据其制定的《法律家培养法》分别进行;但因为在各邦的这一法律之上,有《德国法官法》所设定的基本框架,所以各邦的考试方法大同小异。一般而言,考官由大学教授和实务家组成,应试者通常在大学学完10个学期以上的法律课程后才接受第一次国家考试。如果这次考试合格,就可以成为研修生(Referendar),在法院、行政机关、检察院和律师所等机构进行为期2年的研修。之后,他们必须接受第二次国家考试,合格者即成为"候补官",其中成绩优秀者才能被任命为法官、检察官和各邦的官员,或者在有名的律师所就职。参见[日]大木雅夫:《比较法》,范愉译,法律出版社1999年版,第286—287页。

② Konrad Zweigert, Hein Kötz, *An Introduction to Comparative Law* (1998), Tony Weir (trans.), 3rd ed., Clarendon Press, p. 22.

③ [德]伯恩哈德·格罗斯菲尔德:《比较法的力量和弱点》,孙世彦、姚建宗译,清华大学出版社2002年版,第4页。

④ Konrad Zweigert, Hein Kötz, *An Introduction to Comparative Law* (1998), Tony Weir (trans.), 3rd ed., Clarendon Press, p. 23.

法律训练的基点。"①他们主张,法学院的课程决不能严格限定为国家法律,甚至也不能满足于国家法加上一点比较法的调味品,而要设置这样的课程——"其基本科目表现国家法,但这样的国家法要放在展现于不同国家法律制度中的法律思想的大环境下,也就是说,以欧洲国家共同的原则和制度的基础作为背景。"②

德国现行的教育体制一时还难以进行彻底的改革,富有雄心的比较法学家们却不愿因此坐等时机。尤其在"欧洲共同法"成为研究热点的形势下,他们开始自己着手创造条件,为比较法的大学教育和自身的事业追求提供机会。前文提及的克茨领导创立的布塞瑞尤斯法学院即为一例。该学院是德国首家私立的法学院,也是德国目前唯一一所修完第一次国家考试所定课程即授予法学学士学位(LL. B.)的法学院。

这所法学院学制10个学期(1学年分为3学期制中的学期,每学期3个月),只需3年4个月时间即能毕业,较一般的公立法学教育时间短。学生主要学习比较法、欧洲法、一般法律类和经济类课程,有些课程用英语授课,而且所有的学生都有机会到该学院在国外的联谊学校学习一个学期。因为有这些优越条件,尽管学费昂贵,2000年首批招生时的申请者即有500人,该学院以成绩为标准录取了其中的100人。对此,有人抱怨,布塞瑞尤斯法学院挑走了德国学生中的精英;还有人批评说,这样的教育方式,只会培养出不适合德国国民需要的人才。③

尽管德国比较法教育状况的改变还任重而道远,但学者们毕竟迈出了富有意义的一步。

---

① Hein Kötz, "Comparative Law in Germany Today", in: *Revue Internationale de Droit Comparé* (1999), p. 768.
② Hein Kötz, "Comparative Law in Germany Today", in: *Revue Internationale de Droit Comparé* (1999), p. 768.
③ David S. Clark, "Centennial World Congress on Comparative Law: Nothing New in 2000? Comparative Law in 1900 and Today", in: *Tulane Law Review* (2001), vol. 75, p. 909.

第三章 比较法学者对"共同欧洲私法"的推动

欧洲一体化进程为欧盟私法统一提供了可能性,而共同体立法存在严重缺陷又使统一成为必要。这种现实基础与欧洲比较法学的历史传统交汇起来,迅速促生了《欧洲民法典》运动。欧洲民法学者纷纷以比较法研究为依托,展开形式多样的学术工作,积极推动共同欧洲私法的实现,终于使一项乌托邦式的学术构思发展成为一种不可阻挡的趋势。

为了便于理解,笔者首先澄清下文将要使用的几个概念间的相互关系:本书语境下的"欧洲私法(European private law)"一般情况下是指欧洲共同体(或欧盟)层面上的民商事法律;它欲达到的目标或理想状态被笼统地称为"欧洲共同法(ius commune europaeum)"[1]或"共同欧洲私法(common European private law)";《欧洲民法典》(The European Civil Code)则是"共同法"的具体化和实现手段。

"共同欧洲私法"并非一个新概念,它是古老的"欧洲共同法"在当前形势下的一个表现形式。欧洲经济共同体建立伊始,西欧就有几个法学者率先提

---

[1] "欧洲共同法"是个法学概念。欧洲国家(尤其是 15—18 世纪出现和发展起来的国家)间的法律都具有一致性。这种一致性源于当时各国共有的各种封建法、教会法、罗马法、商法和国际法,这些法律成为西欧国家共同的法律渊源,以此为基础形成了"欧洲共同法学"。然而到了 17 世纪,各个民族国家的建立导致欧洲法律的统一性日益衰退;18 世纪以后,随着各国法典运动的兴起、以民族主义为基础的多种实在法律秩序的形成,法律走向国家化,"共同法"最终遭到破坏。参见 Markku Kiikeri, *Comparative Legal Reasoning and European Law* (2001), Kluwer Academic Publishers, p. 15;以及[日]大木雅夫:《比较法》,范愉译,法律出版社 1999 年版,第 9—13 页。

出，如果欧洲形成了没有贸易壁垒的统一大市场和共同体，那么它也很可能需要一部共同的私法体系——《欧洲民法典》。① 然而，这种观点在当时并未引起注意。后来，随着《单一欧洲文件》(1987)和《马斯特里赫特条约》(1993)的生效，欧洲政治一体化进程取得了历史性进展，这为实现共同欧洲私法的构想注入了新活力。欧洲民法学者纷纷以比较法研究为依托，围绕"共同法"这一热门话题展开形式多样的工作，试图构建欧洲私法的理论框架。这批人即本文所谓"比较法学者"。

欧洲比较法学的出现，一定意义上正是为了打破各国法学的特殊性和民族主义的狭隘性，重新实现欧洲法学的普遍性和统一性，同时也力图推动欧洲法走向统一，再次复兴欧洲共同法。② 这种历史渊源与半个世纪以来欧洲一体化进程的交汇，迅速促生了共同私法的议题。因此，无怪乎目前欧洲大多数民法学家会如此热衷于这一目标。③

本书语境中的共同欧洲私法并非实在法，目前只具有比较法学上的意义。由于长期以来法学家们（至少大陆法系）垄断了私法知识的精致化发展，还由于共同体市场的高度复杂远非政治家所能理解和掌握，"私法欧洲化"在很大程度上就成为一项学术事业。④ 当前，欧洲法学者力图通过比较研究，完成一个能够为欧盟各成员国共同接受的私法结构，为《欧洲民法典》的制定做好准备，最终实现欧洲私法的统一。这项事业主要在欧盟范围内展开，因而文中"欧洲"一词，一般情况下仅包括欧盟成员国。

---

① 例如 Walter Hallstein, "Angleichung des Privat-und Prozeßrechts in der europäischen Wirtschaftsgemeinschaft", in: *RabelsZ* (1964), vol. 28(探讨协调欧洲私法的必要性); Alexander G. Chloros, "Principle, Reason, and Policy in the Development of European Law", in: *International and Comparative Law Quarterly* (1968), vol. 17(讨论欧洲私法的法典化问题). 其中，Chloros 以"迈向《欧洲民法典》(towards a European Civil Code)"作为文章标题，这句话自此流行法学界，一部著名的支持民法典事业的论文集即以此命名，参见 Arthur Hartkamp, et al. (eds.), *Towards a European Civil Code* (1998), 2nd ed., Kluwer Law International.

② Anne Peters, Heiner Schwenke, "Comparative Law Beyond Post-Modernist", in: *International and Comparative Law Quarterly* (2000), vol. 49, p. 803.

③ 有关欧洲比较法学的历史渊源、发展脉络及其与国际统一私法运动和共同欧洲私法的关联，参见朱淑丽：《德国比较法学的发展脉络》，载《比较法研究》2006年第2期。

④ Ugo Mattei, Hard Code Now! 资料来源：https://repository.uclawsf.edu/cgi/viewcontent.cgi?article=2146&context=faculty_scholarship,访问日期：2023年8月30日。

第三章 比较法学者对"共同欧洲私法"的推动

第一节 欧盟对私法的干预使"共同法"成为可能

共同欧洲私法的目的是要在理想和可能的范围内,通过协调或者消除各国法律秩序间的差异,实现各项原则的超国家的一致性。随着欧洲政治一体化进程的推进,欧盟成为推动欧洲法律统一的现实力量,使"共同法"的实现成为可能。

《欧盟条约》将共同体的权限延伸到包括消费者保护在内的几个领域,为其协调民法和商法某些领域的法律问题提供了依据。[①] 同时,由于私法构成市场交易必需的法律基础,而且其各个领域具有内在的关联性(比如合同法和侵权法互补),欧盟立法必然触及成员国的私法制度。《欧盟条约》第5条则为共同体扩张其在私法领域的立法权提供了正当性。[②] 其核心内容是,对于非条约明确规定的事项,如果成员国不能处理,而由欧盟处理比由成员国处理更合理的话,欧盟可以采取行动,但行动要在达到目标的必要范围内。上述规定成为欧共体试图推动成员国私法统一的依据。自此,欧共体开始越来越频繁地通过指令和"软法(soft law)"调整成员国的私法。这种"私法的欧洲化(Europeanization of private law)"现象被视为一种新的法律类型的产生,即"欧洲私法"。[③]

据统计,欧共体发布的指令中已有70多项涉及公司法、劳动关系、企业财

[①] 修改后的《欧盟条约》的第3条、第44条第2款、第65条、第95条等条款授权欧共体对私法和商法进行某些协调。相关分析参见Ulrich Drobnig, "Unified Private Law for the European Internal Market", in: *Dickinson Law Review* (2001), vol. 106, pp. 103 – 104。

[②] 第5条的第2节和第3节分别规定了《欧盟条约》的从属性原则(Principal of Subsidiarity)和均衡性原则(Principal of Proportionality),它既为欧盟扩张权力提供了正当性,同时又试图将这种行为限制在成员国能够容忍的范围内,所以它同时也构成欧盟制定《欧洲民法典》的障碍。参见Christoph U. Schmid, "Legitimacy Conditions for a European Civil Code", pp. 9 – 10,资料来源: https://cadmus.eui.eu/bitstream/handle/1814/1723/01_14.pdf,访问日期:2023年8月30日。关于上述两条原则的分析,参见龚洪波:《欧洲宪法中的原则》,载曹卫东编:《欧洲为何需要一部宪法》,中国人民大学出版社2004年版。

[③] Mel Kenny, "Constructing a European Civil Code: Quis Custodiet Ipsos Custodes?", in: *Columbia Journal of European Law* (2006), vol. 12, p. 777.

产、版权法、产品责任等私法领域,[1]其中最重要的几项指令涉及消费者保护(侵权法领域)和成员国的合同法。[2] 除了指令,欧盟机构发布的建议、意见、通报、公报、结论、宣言、行动计划和纲领等,形成了"原则上虽然不具法律约束力,但会产生实际效果"的软法,[3]足以影响成员国的行为,成为法官解释法律的依据,还可以作为立法者的参照物,事实上起到一定的统一作用。欧洲法院和欧洲人权法院在私法统一上也发挥了一定作用。前者发展出来的规则和概念超越了各国法律间的界限,构成了欧洲合同与债务法中有待发展完善的通则。[4] 后者对于家庭法,尤其是结婚、离婚问题起到了统一作用。[5]

如同《欧盟条约》所示,欧洲的一体化过程需要在同一性和多样性之间寻求适当平衡,而且它本身基本上是一个政治过程而非法律统一过程,这一过程中的法律必须服务于这一目的;同时历史教导人们法律传统难以改变。尽管如此,建立共同体的内在逻辑注定会启动私法统一的"多米诺骨牌",而欧盟的法律实践已经为特定领域的私法协调和完全统一打开了大门。比较法学者从中看到了"欧洲共同法"的希望,因而日益加强了对这一课题的研究。

---

[1] 参见 Ana M. Lopez-Rodriguez, "Towards a European Civil Code Without a Common European Legal Culture? The Link Between Law, Language and Culture", in: *Brooklyn Journal of International Law* (2004), vol. 29, pp. 1197 - 1198;David S. Clark, "Centennial World Congress on Comparative Law: Nothing New in 2000? Comparative Law in 1900 and Today", in: *Tulane Law Review* (2001), vol. 75, p. 898。

[2] 例如:Council Directive 85/577, 1985 O. J. (L 372) 31 (EEC)(关于在营业场所之外缔结合同的消费者保护);Council Directive 90/314, 1990 O. J. (L 158) 59 (EEC)(即包价旅游指令);Council Directive 93/13, 1993 O. J. (L 95) 10 (EEC)(关于消费者合同中的不公平条款);Council Directive 97/7, 1997 O. J. (L 144) 19 (EC)(关于远程销售的合同缔结中的消费者保护);Council Directive 1999/44, 1999 O. J. (L 171) 12 (EC)(关于消费品的销售以及相关担保若干问题);Council Directive 2002/65, 2002 O. J. (L 271) (EC)(关于消费者金融服务的远程交易);Council Directive 2005/29, 2005 O. J. (L 149/22) 30 (EC)(关于国内市场中的不公平的企业到消费者的商业惯例)。

[3] Francis Snyder, "The Effective of European Community Law: Institution, Processes, Tools and Techniques", in: *Modern Law Review* (1993), vol. 56, p. 32。

[4] [德]莱因哈德·齐默曼、[英]西蒙·惠特克主编:《欧洲合同法中的诚信原则》,丁广宇等译,法律出版社2005年版,第4页。

[5] David S. Clark, "Centennial World Congress on Comparative Law: Nothing New in 2000? Comparative Law in 1900 and Today", in: *Tulane Law Review* (2001), vol. 75, pp. 898 - 899。

第三章 比较法学者对"共同欧洲私法"的推动

第二节 欧盟立法的严重缺陷使"共同法"成为必要

目前欧洲统一私法的途径主要是通过欧盟立法,大部分以指令形式在各成员国得到贯彻和执行。这种统一方法被称为法律协调(legal harmonization),它意图在保留不同法律体系的形式差异的前提下达到法律的实质统一。但是,近十几年来,法律协调遭到越来越激烈的批评,人们日益质疑这种方法是否为统一欧洲法律的最佳途径。

招致批评的主要原因在于法律协调存在难以克服的障碍。这种障碍根源于欧盟权限的不完整和分散性:在市场统一的总过程中,欧盟立法是被特定的经济、社会或政治目标推动的,其在私法领域的立法干预因而被限定为特定的问题,不得不以逐个的方式产生,于是在核心的私法领域就难以形成完整的和连贯的欧盟立法。[1] 迄今为止,推动欧洲私法统一的主要手段是欧盟理事会发布的指令,这些指令通常限于特别的对象或者挑选出来的各个散碎问题,它们通常规定最低标准,由成员国转化为国内法贯彻实施,并允许各个成员国设置更高的保护性标准。这种"最低限度协调(minimum harmonization)"带来两个层面上的弊端:在共同体层面上,导致欧盟立法的破碎和不一致。在成员国层面上,欧盟立法对国内私法体系造成负面冲击。它所施加的指令很容易"牵一发而动全身",导致原本具有内在凝聚性的国内私法体系在形式、内容和程序上相互冲突。[2]

而且,不同的国内法在转换同一项指令时会产生诸多差异,导致各国法律

---

[1] Ana M. Lopez-Rodriguez, "Towards a European Civil Code Without a Common European Legal Culture? The Link Between Law, Language and Culture", in: *Brooklyn Journal of International Law* (2004), vol. 29, p. 1198. 欧盟当前的立法状况被形象地描述为"国家私法体系海洋中的欧洲小岛",参见 Ulrich Drobnig, "Unified Private Law for the European Internal Market", in: *Dickinson Law Review* (2001), vol. 106, p. 105。

[2] 对"最低限度协调"的分析和批评,详见 Thomas M. J. Mollers, "The Role of Law in European Integration", in: *The American Journal of Comparative Law* (2000), vol. 48, pp. 683 – 685。

与欧盟统一法互相重叠,彼此愈来愈难划清界限,有时还会造成国内法和统一法两套平行规范的复合适用问题。结果不但没有简化法律的适用,反而使原来的问题更为复杂和难以解决。随之而来的就是这些统一法的效力问题:成员国经常违反欧盟法,难以完全将指令转化为国内法。最突出的情况是成员国未能在规定的期限内执行欧盟指令,更严重的是这些指令根本得不到执行。① 据统计,1996 年,芬兰仅执行欧盟总指令的 71%,奥地利是 84%,最好的纪录是丹麦,为 98%。② 不难发现,欧盟试图通过指令改革私法的结果适得其反,实际上引起成员国立法机关和法院抵抗欧洲化进程。③

这种高度混乱的局面给学者提供了发挥专长的良机。为了从本质上消除欧盟立法的缺陷,比较法学者开始寻找其他更为合适的方法,预期达到三个主要目标:一是消除欧洲私法的差异;二是解决现行的不一致;三是避免未来欧盟立法产生新冲突。而广受认同的唯一的替代性方案即为欧洲私法缔造一套系统性规则。④ 具体地说,就是试图在必要和可能的领域内,用综合的"法典编纂"方法代替零散的"法律协调"方法,以一部超国家的欧盟层面上的《欧洲民法典》来实现"共同欧洲私法"。

第三节 围绕《欧洲民法典》的争论

法典化方案也得到欧盟的支持。欧盟也愈益不满法律协调带来的诸多弊端,开始主动追求欧洲法律的同一性。在 1989 年和 1994 年的两个决议中,欧

---

① 一度被誉为欧盟"模范生"的德国就遭遇了这种尴尬局面。德国立法机构常常认为国内现行法律很适当,无须执行欧盟指令,比如《德国竞争法》就没有吸纳欧盟关于误导性广告的指令(OJ 1984 L 250,17),因为德国竞争法的第 1 和第 3 条被认为足以达到目的。参见 Thomas M. J. Mollers, "The Role of Law in European Integration", in: *The American Journal of Comparative Law* (2000), vol. 48, p. 685。

② David S. Clark, "Centennial World Congress on Comparative Law: Nothing New in 2000? Comparative Law in 1900 and Today", in: *Tulane Law Review* (2001), vol. 75, p. 898。

③ Daniela Caruso, "The Missing View of the Cathedral: The Private Law Paradigm of European Legal Integration", in: *European Law Journal* (1997), vol. 3, p. 4。

④ Ulrich Drobnig, "Unified Private Law for the European Internal Market", in: *Dickinson Law Review* (2001), vol. 106, p. 107。

洲议会公开提出支持起草《欧洲民法典》的准备工作。[1] 自此,关于"欧洲共同法"的种种规划如野火般蔓延开来,工程项目、学术团体和专门杂志以狂热的势头纷纷创立;法学家们积极地在法律学科的最前沿开展工作,渴望拿出有意义的研究成果。然而,由于欧盟并没有就民法典形成明确认识,这引发学界围绕法典的基本问题,展开广泛而激烈的争论,这些争论反过来激励法学者不断调整和完善民法典工程。

一、对《欧洲民法典》的基本立场

欧洲法学界关于《欧洲民法典》的基本立场大致分为两种:德国、意大利、比利时和荷兰的学者大都热烈赞同某种形式的私法统一;法国、西班牙,尤其是英国的学者,则对私法统一不感兴趣,甚至怀有敌意。[2]

支持论着重强调《欧洲民法典》的必要性,其中理由不难理解:欧盟面临的多样性要比美国复杂得多,商业活动必须应对十几种官方语言和二十几种法律制度,而目前欧盟借以协调法律的指令过于分散,将其转化为国内法的效果也难令人满意。因此,共同市场亟须一个统一的私法基础,用以降低交易成本,促进经济效率和司法安全,确保在全球性竞争中能够匹敌美国法。

反对论者则站在政治和法律文化的立场上否定法典的可行性。巴黎第一大学的法学教授勒康(Pierre Legrand)堪称反对论者的代表,他激烈反对1990年代以来流行的一个理论,即普通法和大陆法传统正在融合。该理论预示着

---

[1] 1989年,欧洲议会通过一项决议,要求启动必要的准备工作,起草一部"欧洲私法典",因为"总括个别问题的法律不能满足无壁垒的单一市场的需要和目标";同时要求原则上同意法律统一的成员国建立一个专家委员会详细说明法典统一的优先顺序,并组织这方面的工作,还要求给比较法研究中心以及法典起草工作提供财政支持(European Parliament Resolution on action to bring into line the private law of the Member States, 1989 O. J. (C 158) 400);1994年,欧洲议会再次发布决议,重申了它的要求,"就起草一部《共同欧洲私法典》(a Common European Code of Private Law)的可能性着手工作"(European Parliament Resolution on the harmonization of certain sectors of the private law of the Member States, 1994 O. J. (C 205) 518)。

[2] 参见 David S. Clark, "Centennial World Congress on Comparative Law: Nothing New in 2000? Comparative Law in 1900 and Today", in: *Tulane Law Review* (2001), vol. 75, p. 901。但是近年来,情况发生了很大变化,即使英国学者也开始转变态度,为增强本国法律竞争力而参与欧洲私法统一运动。

这一背景下的欧洲私法可以定型为一部法典。勒康认为,这种认识只停留在法律体系的表层,而没有运用历史学、人类学和社会学来揭示法律制度深层的文化和心理状态。① 这就从根本上否定了将欧洲不同法律体系整合为一部民法典的可能性。

勒康认为制定《欧洲民法典》是一种狂妄和傲慢,是对法律多元化的攻击,它边缘化了普通法的合理性以及英国人的正义观,将民法典凌驾于普通法法律家的世界观之上。② 法典化还会导致政治权威的集中化,③以及对法律过分简单化的认识。④ 勒康总结说,《欧洲民法典》是一种不切实际的运作在表面的乌托邦计划,"企图统一欧洲法律的野心注定是一场狂想"。⑤

以上两种立场的对立在更复杂的背景和更尖锐的气氛中差不多再现了近200年前蒂博和萨维尼之间的那场民法典论争。与以往不同的是,今天的反对论虽然富有智识上的吸引力,然而其观点在当前欧洲法学界并不占上风。因为近几年的法律实践确实表明,两大法系正逐步走向融合,两者间并不存在不可逾越的鸿沟。制定法在英国越来越被接受,而在大陆法国家,判例法的影响相对于法典性规定有所增加。另外,这两大法系在适用《国际商事合同通则》方面的合作表明,它们同样能够在适用一部《欧洲民法典》上进行合作。⑥

然而,反对论对民法典事业不无益处,它和支持论在决定民法典可被接受

---

① Pierre Legrand,"European Legal Systems Are Not Converging",in:*International and Comparative Law Quarterly*(1996),vol. 45,pp. 52 - 63.

② Pierre Legrand,"Against a European Civil Code",in:*Modern Law Review*(1997),vol. 60,pp. 53 - 57.

③ 欧洲法院的一位前任法官 Giuseppe Mancini 也关注对国家文化和主权的保护。他认为,国家是政治生活和集体同一性可望存在的最大范围,民主政治只有在国家层面上才能得到最好保障;相对于超国家的合作,一个"欧洲国"是空想的和充满危险的。参见 David S. Clark,"Centennial World Congress on Comparative Law:Nothing New in 2000? Comparative Law in 1900 and Today",in:*Tulane Law Review*(2001),vol. 75,p. 904。

④ Pierre Legrand,"Against a European Civil Code",in:*Modern Law Review*(1997),vol. 60,pp. 58 - 60.

⑤ Pierre Legrand,"European Legal Systems Are Not Converging",in:*International and Comparative Law Quarterly*(1996),vol. 45,p. 81.

⑥ Louis F. Del Duca,"Developing Global Transnational Harmonization Procedures for the Twenty-first Century:the Accelerating Pace of Common and Civil Law Convergence",in:*Texas International Law Journal*(2007),vol. 42,p. 652.

的限度上实际发挥着相似的作用,它至少提醒支持者:《欧洲民法典》并不单纯关乎立法技术问题,单单这个用语本身就包含很强的意识形态因素,很容易导致偏见和感情用事,足以影响这项事业的发展。① 这促使学界领头人和欧盟改变策略以消除负面影响,尽量将民法典建构为一种中立的非政治的技术性问题。比如概念上避免使用"法典",而代之以"重述(Restatement)""法律规则体系(a body of legal rules)""共同参照框架(Common Frame of Reference)"等较少敏感性的术语。

二、关于民法典的实质方面

越来越多的法律人接受《欧洲民法典》计划,他们并不怀疑法典的必要性,而更关心如下问题:法典应该包括哪些内容,应该达到何种程度的统一? 通过什么方法来构造一个能被所有成员国接受的法律文本? 欧盟的司法权将以什么为基础,来适用共同欧洲私法? 这样一部民法典应该适用于跨国境关系,还是也能支配国内事务? 等等。以下择取要者介绍一二。

尽管学者们观点不一,但是大多数人从可能性和迫切性出发,反对制定包括不动产、继承和家庭法在内的完整的民法典,而主张将民法典限定在债权法和相关的动产法范围内,制定一部《债权法典》。这种限定的原因在于:首先,相对于债权和动产法,涉及不动产、家庭法和继承法的统一规则较少有现实性和紧迫性。② 其次,完整的《欧洲民法典》势必影响到成员国的文化特性。然而,如果将法典内容严格限制在民商事方面的经济事务,例如只关系到跨国交易的合同与侵权行为,而排除家庭法和继承法,将纯粹的国内事务留给国内法来处理,那么法典涵盖的内容主要是政治问题,就不涉及现实的文化、意识形态或者宗教信仰的利害冲突。最后,由于受《欧盟条约》从属性原则的限制,欧

---

① 堪称民法典工程领袖的冯·巴尔就清醒地认识到,对《欧洲民法典》的态度完全取决于如何理解这个概念——"是把它视为旨在给一个新国家的诞生或一场革命的胜利画上圆满句号而进行的一次大规模的常规类型的立法活动;还是把它视为一个智识上合理、以其潜在的能力渐进地获得法律根据和约束力的模型。"参见 Christian von Bar, "From Principles to Codification: Prospects for European Private Law", in: Columbia Journal of European Law (2002), vol. 8, p. 380.

② Ulrich Drobnig, "Unified Private Law for the European Internal Market", in: Dickinson Law Review (2001), vol. 106, p. 107.

共体无权颁布有强制力的法典,这是一个只能通过政治途径予以解决的政治问题,而限定性的民法典就得以通过政治方案获得合法性(legitimacy)。①

关于民法典的性质存在两种争议:一种主张一元化,以一种或多种现行的成员国民法典为模本,或者更独立地缔造出一部《欧洲民法典》,而后用以取代欧盟范围内所有现存的民法典和民事制定法。② 另一种主张多元化,反对欧盟机构强制实施有约束力的民法典,而赞同构造一部以各种方法详细界定的欧洲法典,或者一部富有弹性的统一法典,与成员国现行 25 种法律体系并行不悖,任由合同当事人选择。③ 目前主流观点倾向于后者,即《欧洲民法典》不会很快取代成员国的固有法律,最多会构成一部类似《美国统一商法典》那样的示范法。④

这些争论使《欧洲民法典》的基本问题变得愈益明确,⑤同时也揭示出这项工程必须面对的两个根本性难题:一是如何化解不同法律文化间的差异,制作一部可行的法典文本;二是这样一部法典通过什么途径确立其现实的合法性。学界还没有就此达成共识,然而大家一致认同的是,法典的准备工作必须由欧洲民法学者担任,因为只有他们才具有比较法领域的专门知识,有能力领导基础性研究;也只有他们能够建立起超越民族、政治或社会的特殊利益的学

---

① 参见 David S. Clark, "Centennial World Congress on Comparative Law: Nothing New in 2000? Comparative Law in 1900 and Today", in: *Tulane Law Review* (2001), vol. 75, p. 902。通过什么途径确立《欧洲民法典》的合法性是个复杂问题,涉及欧盟的权限、指令与条例的效力和依据,以及国际条约的缔结程序等因素,需要另行分析,本书不多涉及。

② Gunther A. Weiss, "The Enchantment of Codification in the Common-Law World", in: *Yale Journal of International Law* (2000), vol. 25, pp. 443–444.

③ Louis F. Del Duca, "Developing Global Transnational Harmonization Procedures for the Twenty-first Century: the Accelerating Pace of Common and Civil Law Convergence", in: *Texas International Law Journal* (2007), vol. 42, p. 652.

④ Thomas M. J. Mollers, "The Role of Law in European Integration", in: *The American Journal of Comparative Law* (2000), vol. 48, p. 682.

⑤ 例如,欧盟和学界已经对要统一的私法领域达成共识,预期形成的"重述"或"法律规则体系"将包括如下内容:一般合同法、商事合同法,调整服务合同(包括金融服务和保险)的法律,调整人身担保的法律,调整非合同之债的法律,调整动产所有权转移的法律,调整担保(动产担保)的法律,信托法。参见 Christian von Bar, "From Principles to Codification: Prospects for European Private Law", in: *Columbia Journal of European Law* (2002), vol. 8, p. 384。

术团体,忠诚地追求最公平和最有效率的法律原则。① 因此,"比较法学者必须担当重任,尽力构建起欧洲法律原理和规则的共同核心,欧洲共同的法律语言以及法律文本,以此为基础,当时机成熟时,拟订《欧洲民法典》"。②

第四节 构建《欧洲民法典》文本

构建法典文本,以便尽快地给政治家和利益团体提供一个立法基础,是这项学术事业的首要工作。目前,欧洲有两个最引人瞩目的彼此呼应的学术组织正在从事这方面的工作:一是欧洲合同法委员会(Commission on European Contract Law),二是《欧洲民法典》研究组(Study Group on a European Civil Code)。它们的目标是把债权法作为起点,提供一部欧盟范围内的各种私法的重述,并最终获得颁布和法律效力。这类工作的共同特点是:它们都运用功能比较方法,把"类似的假定(praesumptio similitudinis)"作为研究的出发点,③试图从现行法律中抽象出具有普遍性的规则,以其内在的合理性(rationality)和相对的优越性赢得合法地位。

一、欧洲合同法委员会及其工作成果

欧洲合同法委员会于1980年在丹麦哥本哈根大学法学教授奥列·兰杜(Ole Lando)的领导下成立,故又名"兰杜委员会"。它由来自欧盟各成员国的法学家(主要是法学教授)组成,其工作是解释和评注欧洲合同法的原则。兰

---

① 参见 Christian von Bar (ed.), "The Private Law Systems in the EU: Discrimination on Grounds of Nationality and the Need for a European Civil Code", European Parliament, p. 133,资料来源:http://www.europarl.europa.eu/workingpapers/juri/pdf/103_en.pdf,访问日期:2007年9月18日。

② Hein Kötz, "Comparative Law in Germany Today", in: Revue Internationale de Droit Comparé (1999), vol. 51, p. 766.

③ 功能比较方法有两个基本特点:一是比较的出发点和基础是社会所面临的各种问题和需要;二是在对法律进行比较时着重的是法律的社会功能、效果,而不是法律文本的抽象内容。功能主义者进而把"类似的假定",即"各种法律制度尽管在历史发展、体系、理论构成以及适用方式上存在巨大差别,但是对同样的生活问题却采用了非常类似甚至相同的解决方法",作为比较研究的工作假设。详见[德]K·茨威格特、H·克茨:《比较法总论》,潘汉典等译,法律出版社2003年版,第44—69页。

杜委员会从 1995 年开始相继出版其阶段性的工作成果，即包含三个部分的《欧洲合同法原则(Principles of European Contract Law)》(简称《原则》)[①]。

《原则》的起草工作包括对每个法律制度针对某个特定问题所提供的解决方法进行尽可能详尽的概述，评论哪个是最普遍或是最适宜的方法，判断哪个解决方法在大多数欧洲国家不具有效力，因此不能奉为欧洲法律的共同核心，以此确保法典草案不仅仅停留于汇编已经存在的规则，而是包含对法律的更新和现代化。[②] 这部《原则》不是现行欧盟立法(指令和条例)的汇编，而是由一套新的完整和连贯的规则组成，这套规则主要来源于国内合同法，预定调整合同的缔结、履行和效力等一般性问题，缔约人的身份(消费者、职业者等)、合同缔结背景(国内、国际)等因素在所不问。由此可见，其适用范围不限于欧盟层面，而且也及于国内法。其目标之一是"为未来的《欧洲合同法典》奠定基础"。[③] 它可谓构造《欧洲民法典》文本迈出的第一步。

二、《欧洲民法典》研究组

《欧洲合同法原则》只编纂了大陆法学家统称的合同法总则部分。迄今只有这一小部分基本的欧洲私法编成法典，调整具体合同(比如销售合同和服务合同)的规则以及其余相关私法不在其列。20 世纪 90 年代中期开始，一些法学家希望在兰杜委员会工作成果的基础上继续推进欧洲私法的法典化，进而起草一部《欧洲民法典》，由此诞生了规模宏大的《欧洲民法典》研究组。

研究组成立于 1998 年，性质上是兰杜委员会的后继者，经委员会的明确同意并与其部分成员一起继续进行后者业已开创的工作。它由来自全部欧盟

[①] 《原则》第一部分涉及合同的履行、不履行以及救济(1999 年出版)；第二部分涉及合同的形式、效力、解释、内容和代理(1999 年出版了第一和第二部分的合订本)；第三部分涉及复数的债权人和债务人、债权、债务的转让，合同的变更，抵销，处分，非法行为和条件(2003 年出版)。参见 Ole Lando, "CISG and Its Follows: A Proposal to Adopt Some International Principles of Contract Law", in: The American Journal of Comparative Law (2005), vol. 53, p. 380。

[②] 参见 Andrea Pinna, "Drafting a Civil Code for Europe: Aims and Methods", p. 4, 资料来源：http://palissy.humana.univ-nantes.fr/msh/prog/ssn/SSN02.pdf, 访问日期：2007 年 9 月 13 日。

[③] Christian von Bar, "From Principles to Codification: Prospects for European Private Law", in: Columbia Journal of European Law (2002), vol. 8, p. 380.

成员国的大约100名法学家组成,德国奥斯纳布吕克大学法学教授巴尔(Christian von Bar)担任主席。研究组的目标是"构造一部关于欧洲私法核心的法典化的和带评注的综述""促进欧洲私法的学术理解和教学,满足跨国境交易或纠纷中的当事人的需要,并且令人信服地为未来国家和欧洲层面上的立法措施提供灵感"。[①] 研究组根据列入法典化程序的私法领域,在欧洲多个国家的大学或研究机构中分设工作组负责起草部分未来的《欧洲民法典》。工作组承担分派给它们的研究课题,例如奥斯纳布吕克工作组负责法定之债,汉堡工作组负责保险合同和信用担保,蒂尔堡工作组负责劳务合同,乌德勒支工作组负责涉及货物销售的法律等。研究组以各工作组的比较法研究成果为基础制作"原则"。这些原则将包含三个领域的法律:一是特殊类型的合同;二是非合同之债(侵权法、不当得利和无因管理);三是涉及动产尤其是所有权的转移和信用担保的基本规则。[②] 它们将配备以比较法导论,区分篇章,辅以详尽的评注,以例证解释条款的实际适用和效果,最后还会补充附注,便于读者确定"原则"的相关条款是否、在哪里、以什么方式与各个成员国的国家法相连。研究组计划首先出版各个部分的"原则",各部分"原则"齐备后再出版包括《欧洲合同法原则》在内的统一版本。[③] 这个统一本预期成为一部完整的《欧洲债权法典》的模本。

第五节 缔造共同法律文化

以比较法研究为基础萃取成员国私法制度的共同核心,借此构造一部具有普遍性的法律文本,距离《欧洲民法典》的实现还有很长一段路要走,而最便

[①] 参见 Christian von Bar, "The Contribution of the Study Group on a European Civil Code to the European Convention",资料来源:http://www.sgecc.net/media/downloads/forum.pdf,访问日期:2007年9月18日。

[②] 参见 Christian von Bar, "Working Together Towards Common Frame of Reference",资料来源:https://www.juridicainternational.eu/public/pdf/ji_2005_1_17.pdf,访问日期:2023年8月30日。

[③] Christian von Bar, "From Principles to Codification: Prospects for European Private Law", in: *Columbia Journal of European Law* (2002), vol.8, p.386.

德国比较法学研究：历史与方法论

捷的途径莫过于借助欧盟立法获得合法性。然而，在可预料的期限内欧盟不可能具备必要的立法权限，且在乐观的前景无法预见的情况下，实现法典化的途径就不得不由政治性的"自上而下"转为文化性的"自下而上"。也就是说通过促进民法典的广泛的可接受性(acceptability)，以此逐渐确立其合法性，由"软法"变为"硬法"。① 因为制定民法典的最大障碍来自欧洲各国法律(尤其是大陆法与普通法)之间的文化差异，假若能够攻克这道难关，民法典就能获得普遍接受，其合法性问题自然迎刃而解。这促使比较法学者在"能跑之前必须先走"——争取政治解决的同时，通过法学研究和法学教育循序渐进地缔造共同的法律文化，依靠这只"无形的手"(相对于"有形的"法典文本)推动欧洲私法统一。②

一、法学研究

法学研究的目的是试图用足够宽广的概念来包涵不同法律体系，用以构造一种欧洲的法律语言，以此缔造共同法律文化。这方面最富影响的当属"欧洲私法共同核心工程(Common Core of European Private Law Project)"(简称"共同核心工程")。"共同核心工程"发起于1992年，在两位比较法学家布萨尼(Mauro Bussani)和马泰(Ugo Mattei)的共同领导下，100多位主要来自欧盟成员国的学者组成工作组开展研究，详细解释欧洲的合同法、侵权法和财产法的主要概念。撰稿人负责将重复出现的实际案例进行简化，制成各种类

---

① 例如，巴尔大致阐述了《欧洲民法典》研究组研制的原则如何通过"自下而上"的方法获得法律效力：这些原则可以逐渐而不必以同样的速度随着各个国家赋予其政治合法性而产生约束力。这可以首先在大学的学术训练中实现。当欧洲法院面临棘手的判决性难题，而依照国家法其解决方法不清晰或难以令人信服，这些原则还可以成为其参考来源。如果受公法支配的欧盟和国家的机构经常在公共建设工程和服务中应用这些原则作为合同的标准条款或者准据法，那么就进入了下一个阶段——这种自愿约束(还可以避免备受争议的欧盟权限问题)使欧盟立法者在导言中陈述指令或条例的目标和基础时，以及在实体文本中援用其术语时经常参照这些原则。如果是这样，原则还会成为一种事实，影响国内立法者。那时，缺少对这些原则的评价，他们就不可能进行任何实质的法律改革，无论他们本质上是遵守或是偏离它们。参见 Christian von Bar, "From Principles to Codification: Prospects for European Private Law", in: *Columbia Journal of European Law* (2002), vol. 8, p. 387。

② 这并不意味着参与缔造共同法律文化的学者或团体都目标一致地追求《欧洲民法典》。他们之间存在一定差别，然而都赞同某种形式的共同欧洲私法，并在工作方法和目标上彼此渗透和重合，因而都实际推动了民法典工程。

型的调查问卷;而后由来自每个国家的律师依据本国法律提供解决办法,再由学者进行分析,以发现所有欧洲私法制度中的共同特征,其最终目标是培育共同的欧洲法律文化。①

一系列旨在推动"欧洲共同法"的法学著作也引人瞩目。其中影响较大的有克茨的《欧洲合同法》(1996),巴尔的《欧洲比较侵权行为法》(两卷,1996—1998),施莱希特里姆的《欧洲不当得利的返还和补偿》(两卷,2000—2001)等。② 这些著作都试图从欧洲角度来理解共同私法这一整体领域,培养"共同欧洲思维方式","希望对共同欧洲私法的思索能够汇流成'统一'的法,即民法典形式上的大框架之法律统一"。③

值得一提的是,欧洲还创立了几家杂志,如《欧洲私法杂志》(*Zeitschrift für Europäisches Privatrech*)、《欧洲私法评论》(*European Review of Private Law*)、《欧洲私法》(*Europa e Diritto Privaton*)、《欧洲合同法评论》(*European Review of Contract Law*)等,都专门致力于发展共同欧洲私法。

二、法学教育

法学教育旨在通过培养欧洲一体化法学人才推动各国法律文化趋向统一。法学教授们以比较方法研究不同法律体系的异同点,然后以欧洲为视角把知识传授给学生,让其将所学应用于实践。其中,建立模范的"欧洲法学院"被认为能够真正塑造共同法律教育,是达到这个目标的最佳途径。④ 为此,比较法学者在荷兰马斯特里赫特建成了第一所欧洲法学院(1994 年),随后

---

① Mauro Bussani, Ugo Mattei, "The Common Core Approach to European Private Law", in: *Columbia Journal of European Law* (1997), vol. 3, pp. 341 - 354.

② 法律出版社已经推出 3 本这方面的著作:齐默曼、惠特克主编的《欧洲合同法中的诚信原则》(2005),布萨尼、帕尔默主编的《欧洲法中的纯粹经济损失》(2005),以及巴尔、德罗布尼希主编的《欧洲合同法与侵权法及财产法的互动》(2007),从中可以了解相关信息。

③ 巴尔解释说,"共同欧洲思维方式是指: 1. 特别强调已经存在的共同点; 2. 去理解相邻法律制度发展对一国法律制度形成的影响; 3. 追踪历史的偶然性和荒谬以发现一国法律制度的棱角,并在不损害内容的前提下,在欧洲统一进程的框架内磨平它们。"[德] 克雷斯蒂安·冯·巴尔:《欧洲比较侵权行为法》(上卷),张新宝译,法律出版社 2001 年版,德文版序。

④ Mauro Bussani, Ugo Mattei, "The Common Core Approach to European Private Law", in: *Columbia Journal of European Law* (1997), vol. 3, p. 341.

在意大利特兰托创建了第二所欧洲法学院,2000年克茨也在德国汉堡创办了布塞瑞尤斯(Bucerius)法学院。这类法学院围绕比较法、国际法和欧洲法(而不像一般法学院那样围绕国内法)开设主干课程,培育"欧洲共同法"理念。传统法学院也在本科和研究生阶段开设兼修各国法律的课程和项目,还纷纷设立欧洲私法、欧洲法律史和比较法律文化的教习。此外,在学界的协助下,欧盟还实施了"苏格拉底"和"伊拉斯谟"两项计划,安排成员国的法学院学生到其他成员国进行跨国交流,促进法律文化之间的相互了解和融合。

为了研发适于培养一体化法律人才的教学资料,1991年比较法学者提议成立了由前欧洲法院总顾问、比利时法学教授格文(Walter van Gerven)负责的"欧洲共同法案例教科书工程(Casebooks for the Common Law of Europe Project)"。这项工程主要收集和编辑英国、法国和德国的案例和资料,将非英语的文本翻译为英语,若有需求也将整部文献迅速翻译为其他语言。它"希望揭示呈现于欧洲国家现行法律中的共同的一般原则",开发用于欧洲法学院以及其他法学院课程的教学材料,这些材料还可供全欧洲的法院寻找判决案件所需的规则和原则。[1] 其主要目的在于让学生领会外国法,培养其成为共同的欧洲律师。

经过比较法学者的共同努力,昔日被认为是乌托邦的学术构思,在短短十几年内发展成为一场《欧洲民法典》运动。[2] 围绕这项事业所产生的学术成果以及进行的其他种种努力,已经汇聚成一座经过仔细规划的"大厦"的建筑材料。随着这些材料的不断累积,《欧洲民法典》的外形轮廓也日渐清晰。如今,共同欧洲私法的实现已被认为是大势所趋,无法避免也无法阻挡,欠缺的只是时机。[3] 这种有利形势鼓舞欧盟由起初谨慎的试探和表达愿望,转为紧锣

---

[1] Walter van Gerven, "Casebooks for the Common Law of Europe: Presentation of the Project", in: *European Review of Private Law* (1996), vol. 4, pp. 67–68.

[2] Hugh Beale, "The European Civil Code Movement and the European Union's Common Frame of Reference", in: *Legal Information Management* (2006), vol. 6, p. 4.

[3] [德]莱因哈德·齐默曼、[英]西蒙·惠特克主编:《欧洲合同法中的诚信原则》,丁广宇等译,法律出版社2005年版,第7页。

密鼓地采取越来越具体的措施,试图逐步落实民法典方案。① 欧盟近年来的种种举措也表明,学界起草的民法典文本有望得到官方承认,或至少以修正的形式得到认可:"它们虽然不会变成法律,但是将要成为一套权威的原则、概念和术语,据以修订现行欧洲立法,或者起草新规划的法律。"②

从迄今欧洲一体化的进程来看,谁也无法预言《欧洲民法典》将如何发展,因为这在很大程度上取决于欧盟制度自身的内在动力。然而,可以肯定的是,这场法典化运动就其规模、艰巨性、复杂程度而言都是空前的,法典的构建及其实现方式也都会与以往不同。这对正处于黄金时代的欧洲法学者而言既是严峻的挑战,同时也提供给他们大有可为的空间。比较法学者还将如何影响共同欧洲私法发展的速度和范围,这种努力在方法论上会给人们什么启发,有待我们继续关注和进一步发掘。

---

① 例如,2001年11月6日,欧洲议会在一份统一成员国民商法的报告中为欧洲合同法的统一定下了时间表:(1) 2004年底,建立一个以所有共同体语言表述的关于合同法领域的国家立法和判例的数据库,促进利益团体、学界和法律从业者根据数据库进行比较法研究和合作,以发现成员国法律体系的共同的概念、解决方法和术语;(2) 定期向欧洲议会汇报这些比较分析的进展;(3) 根据专家意见提出旨在统一现行指令的立法建议;(4) 与此同时,考察是否有其他涉及内部市场的基本规定,尤其注意电子商务方面的法律;(5) 2005年初公布比较研究结果;(6) 2005年开始,在学界和法律界宣传研究成果和共同体法律;(7) 2005年起,欧盟机构一致运用共同的法律概念和解决方法以及法律术语;(8) 从2006年开始,欧盟立法执行共同的法律原则和术语;(9) 2008年开始,审查欧洲法律中共同法律原则和统一术语的实际效果;(10) 从2010年开始,在欧盟范围内制定和采用一套合同法规则[Report on the approximation of the civil and commercial law of the Member States, COM(2001) 398-C5-0471/2001 - 2001/2187(COS)],资料来源:http://www.europarl.europa.eu/sides/getDoc.do? pubRef=-//EP//TEXT+TA+P5-TA-2001-0609+0+DOC+XML+V0//EN,访问日期:2007年9月11日。就连欧盟真正的权力机构、一向对民法典较少热情的欧盟委员会也于2003年2月12日提出行动计划,宣布借助学术团体准备它所谓的《共同参照框架》(简称《框架》),《框架》将建立在比较分析成员国合同法规则的基础上,以共同的术语和规则提供最好的解决方法,以便将来构建更为连贯的欧洲合同法规则[Communication from the Commission to the European Parliament and the Council -A More Coherent European Contract Law -An Action Plan, COM (2003) 68 final (12.2.2003),资料来源:https://eur-lex.europa.eu/legal-content/EN/TXT/PDF/? uri=CELEX:52014DC0158,访问日期:2023年8月30日]。这被认为是"迈向《欧洲民法典》的重要一步"。参见 Martijn W. Hesselink, "The Politics of a European Civil Code", in: *European Law Journal* (2004), vol. 10, p. 675.

② Hugh Beale, "The European Civil Code Movement and the European Union's Common Frame of Reference", in: *Legal Information Management* (2006), vol. 6, p. 8.

第四章　茨威格特和克茨的《比较法总论》

之所以把《比较法总论》作为当代德国比较法学的典范之作,并对它进行微观的考察,是基于以下两个方面的考虑:其一,《比较法总论》初版于1971年,再版于1984年,三版于1996年,自其首版问世到第三版的推出,历时近30年。在这期间,此书著者茨威格特、克茨随着时代的变化对该书的内容不断进行充实和更新。因此,在时间跨度上它堪为当代德国比较法学的代表之作。其二,《比较法总论》在世界上也获得了非同凡响的成功,两位著者在这部著作里完善和确立的功能主义成为当代世界比较法的主导方法,所提出的法系的样式理论在今天已被广泛接受,[1]而对不同法律文化所做的驾轻就熟的描绘即使在将来也几乎无人能够超越。[2] 法国比较法学家达维德誉之为"比较法研究的模式";该书英译者牛津大学三一学院教授威尔(Tony Weir)认为,它"在英语中,是一部没有任何同类著作能达到相等水平的极优秀之作……"[3],即使普通读者也自能从国内外对此书的频繁引证中判断出它的价值所在。

这部著作在我国先后发行过两个版本(1992年9月由贵州人民出版社初版,2003年1月由法律出版社再版),已经在法学读者中广为流传。鉴于此,本

---

[1] Mathias Reimann, "The Progress and Failure of Comparative Law in the Second Half of the Twentieth Century", in: *The American Journal of Comparative Law* (2002), vol. 50, p. 676.

[2] Christopher Osakwe, "Recent Development: An Introduction to Comparative Law", in: *Tulane Law Review* (1988), vol. 62, p. 1509.

[3] 参见[德] K·茨威格特、H·克茨:《比较法总论》,潘汉典等译,法律出版社2003年版,中译者序。

书就不能仅仅停留于简单的介绍和入门式的导读,而将在研读数遍的基础上对它进行总结和分析。[①]

《比较法总论》依照德国潘德克顿学者最优秀的学术传统分为两卷——第一卷为原论,第二卷为分论。原论主要考察世界法律体系的结构,而分论亦即《制度论》则对契约、不当得利和侵权等特殊的私法制度进行"活组织检查"。它们一起构成了一幅20世纪比较法的迷人画卷。但遗憾的是,此书的第二卷《制度论》尚未译出,是故此处的《比较法总论》仅指原书的第一卷原论部分。

《比较法总论》共包括30章,[②]分为内在相互关联的两个主题:第一至四章依次阐述了比较法的概念、功能和目的、方法、历史,为比较法的基础理论;而从第五章以下则对现代世界上的8个主要法系[③]的轮廓进行一一描述。第五章"法系的样式"则构成这两个主题之间的智识桥梁,为比较法的一般理论提供了一个假设前提。

需要说明的是,前文已从这本书中取材甚多,因此,这里对书中的相关内容如比较法的概念、功能和目的、历史等不再赘述,而着重阐述第三章"比较法的方法"中的功能主义原理以及第五章"法系的样式"理论——功能比较方法主要贯穿于此书第二卷《制度论》,而法系的样式理论则几乎统摄第一卷原论部分,足见两者在书中非同寻常的重要性;此后将对著者关于世界上的法系的描述特色做实例的分析。通过这三方面提纲挈领的介绍,该书大局应该了然于胸了。

第一节 功能比较方法

比较法的研究方法是比较法学最核心的问题之一。它一方面建立在法哲

[①] 本书以《比较法总论》第二版的中译本为基础,同时参照1998年发行的此书第三版的英文版本。

[②] 该书第三版抽去了原书的第十、十五、二十一章,以及社会主义法系中的五章,将原来的远东法系一章扩展为中国法、日本法两章,一共23章。

[③] 这8个法系依次是罗马法系、德意志法系、英美法系、北欧法系、社会主义法系、远东法系、伊斯兰法、印度教法等。第三版删掉了社会主义法系,把远东法系改为"中国法、日本法",而将伊斯兰法、印度教法合并为"宗教法系"。

学对法的解释的基础上,另一方面又直接决定了比较法的研究范围、任务与研究的深度。

在《比较法总论》中,茨威格特、克茨在继承最初由拉贝尔所提出的方法论的基础上,在继续批判规范比较方法的过程中,进一步完善和确立了功能主义的比较方法。

功能主义在对法的理解方面以社会学法学的立场和观点为依据。根据庞德(Roscoe Pound,1870—1964)的解释,社会学法学的基本观点是:注重法律的社会功能、效果,而不是法律的抽象内容;认为法律是一种社会制度,是社会控制的一种手段,亦即"社会工程";主张法律规则应被视为达到社会公正结果的指针,而非固定不变的模式等。因此,法律科学的对象也并非法律的概念结构,而是这些法律结构应当解决的生活问题。从这种法律观出发,茨威格特、克茨提出,比较法的问题也因此不是关于不同国家的法律制度的概念结构,而是它的法律制度的功能;比较法的方法是对不同社会秩序解决问题的办法重新从它们各自的现实,从它们所实现的各自社会目的进行相互比较。所以,"全部比较法的方法论的基本原则是功能性(Funktionalität)原则,由此产生所有其他方法学的规则——选择应该比较的法律,探讨的范围,和比较体系的构成等等。"①

一、功能比较的出发点

选择什么样的标准来决定对哪些法律制度进行比较,也就是说,怎样为法律比较创造一个基点,这是任何比较法学者都要面对的最为棘手的问题之一。茨威格特、克茨主张采用功能原则作为选择标准,他们认为,"人们不能够对不可能比较的事物作出有意义的比较,而在法律上只有那些完成相同任务、具有相同功能的事物才是可以比较的。"②

在此,试以茨威格特、克茨所举的一个例子来说明这一理论。在欧洲大

---

① 参见[德]K·茨威格特、H·克茨:《比较法总论》,潘汉典等译,法律出版社2003年版,第46页。

② 参见[德]K·茨威格特、H·克茨:《比较法总论》,潘汉典等译,法律出版社2003年版,第46页。

陆,为了使未成年人能够参加法律上的交易活动而设立的法定代理制度,在欧洲大陆法律家看来是理想的制度,也几乎是唯一可能想象到的法律制度。但是,普通法却没有这种法律形态,而且在法律事务中,父母也并未自动地被赋予代理其子女的权利或义务,而代之以由"近友(next friend)"①来替代未成年人进行积极的诉讼,由"诉讼监护人"代为进行消极的诉讼。此外,在未成年人成为法定继承人时,法院在一定情况下指定一名"未成年期间遗产管理人"。根据一定的前提条件,未成年人也可能被宣布为"受法院监护人"。在此场合,法院先取得代理权;其后,通常由法院将此项代理权移转给其他人。

这个例子说明,如果像规范比较法那样以结构或体系为出发点,在英国法中寻找欧洲大陆的一元性法定代理制度,是无法发现与之相同的法律概念的。但是因为在此也同样存在未成年人参加法律事务的必要性,所以,如果从英国法是以何种方法满足这一需要的问题出发,就可以进行卓有成效的比较。由此可见,功能主义的比较法是抽取出功能相同的东西进行比较,功能是比较法的出发点和基础。

二、问题性思考和调查的范围

茨威格特、克茨进一步提出,如果在功能上把法律看作是社会事实情况的调节器,那么,在每个国家里的法律问题都是相似的,人们能够在世界上所有的法律秩序中提出同样的问题,甚至在属于不同社会形态的国家或者处于完全不同发展阶段的国家里,运用同样的标准。

但由于各种法律秩序都是在其自身的历史中产生和发展的,其间它们发明了各种各样的法律技术,有时其相互间会呈现出迥然不同的外观。所以毫无疑问,在对法律问题的处理方式上总是存在着重大的差异。例如,在德国依"所有物收回之诉"或者"排除妨害所有权之诉"满足的需要,在别的制度下则通过基于不法行为而提出的请求权而予以满足;在一国关于扶养的请求权,在另一个国家里则由关于贫困的公共救济取而代之。这些例子都是一条法律规范由另一条法律规范与之对应的事例,但有时在一国法律体系中由某一规范

---

① 即未成年人或其他无行为能力人的诉讼代理人。

发挥的功能,在另一国却并非由其法律体系中的现行法律规范完成的,而只能在一定的法律外的诸现象中找到。

因此,著者提出:"任何比较法研究作为出发点的问题必须从纯粹功能的角度提出,应探讨的问题在表述时必须不受本国法律制度体系上各种概念所拘束。"[①]易言之,适当的比较,不应是通过所谓体系性的思考,而必须通过问题性思考进行。要从提出一个具体的社会问题开始,并试图去发现解决这个问题的规则或制度;而不是相反,从提出任何特殊的规则或制度为出发点。例如,不应如此发问:"外国法关于买卖契约设有什么形式规定?"而最好这样表达:"外国法如何保护当事人免于草率立约或者不受未经认真考虑的行为的约束?"同理,不该问:"外国法怎样调整德国法所谓 Vor- und Nacherbschaft(先位继承和后位继承)?"而应当考察外国法考虑以什么方式满足立遗嘱人在死后长期控制其遗产的要求。

接下来,为了寻找同本国问题的解决方法相应的法律,而对外国法进行深入研究的时候,功能主义原理同样要求人们应当避免加以任何限制。这一点,尤其适用于何者应当作为"法律渊源"考虑的问题。著者指出,在比较法研究意义上的"法律渊源"是指形成或者影响所考虑的制度的法律生活的一切事物。因此,比较法学者必须如同外国法律制度的法律家们一样,利用同样的渊源,并且必须像他们一样对那些"法律渊源"给予同样的重视和认定具有同样的价值。因此,对外国法的调查范围,除了制定法和习惯法外,还必须遍及判例、法学学说、定型契约、普通契约条款、交易惯例和习俗等该法律秩序中构成法律生活的一切形式。

三、"类似的推定"——功能比较方法的基础

经常被其他学者作为功能主义比较方法的根本特点提及的,是茨威格特、克茨在《比较法总论》中提出的所谓"类似的推定(praesumtio similitudinis)"。而功能比较方法之所以成为一种卓越的方法,也正是因为它以"类似的推定"

[①] 参见[德]K·茨威格特、H·克茨:《比较法总论》,潘汉典等译,法律出版社2003年版,第47页。

作为其重要的基础。

茨威格特、克茨从比较法研究的根本经验中总结出"比较法的一条基本规律"[①]:"各种不同的法律秩序,尽管在其历史发展、体系和理论的构成及其实际适用的方式上完全不相同,但是对同样的生活问题——往往直到细节上,采取同样的或者十分类似的解决办法。"[②]他们建议将这条"类似的推定"作为方法运用于比较法的研究中:在比较法研究开始时,这个推定可以作为启发式的原则使用——它能够给研究者指点正确的道路,指示他注意相对应的和类似的事物,以实际解决问题可能的同一性为目标,应当考察外国法现实的哪些领域;在研究工作终结时,这个推定成为检验其结果是否正确的手段,如果比较法学者在他进行研究的比较法律秩序中,找到相同的或类似的实际解决办法,他可以感到满意。反之,如果他查到在实际解决问题上大不相同或者相对立的结果,他就必须重新检查他原先提出的问题是否正确地和完全彻底地基于各个法律形式的功能,还有他的研究范围是否足够宽广。

必须指出的是,"类似的推定"并不适用于一切法律领域。茨威格特、克茨一再强调,对于那些受到历史、宗教和文化强烈影响的法律领域如家庭法和继承法,这个推定是不适合的;而对价值观念上是中立的和技术性的"非政治的"私法,它则可以作为比较法的工作假设进行使用。

四、"比较的第三项"与比较体系的建立

功能主义原理的一个突出特点是,它竭力对其研究对象采取中立分析的姿态。比如,从上文的阐述中可见,茨威格特、克茨首先要求从术语开始,把法律形式主义的语言转化为普遍问题的语言,而后要求对外国法律及法律生活的整体进行无偏见的调查。这种客观主义的立场尤其体现在茨威格特、克茨

[①] 参见[德]K·茨威格特、H·克茨:《比较法总论》,潘汉典等译,法律出版社2003年版,第54页。

[②] 上文提到这一现象也被称为法律体系的"共同点"。美国比较法学家鲁因斯坦对此也持相同的观点,据他调查,美国私法判例中的80%,与不论是英国、加拿大、法国、阿根廷或日本等任何地方的结果相似,而只有余下的20%可以看到国别的差异。他认为:"我们的文明是同一个单位,问题相同,则解决办法亦相同。"参见[日]大木雅夫:《比较法》,范愉译,法律出版社1999年版,第88页。

所说的"比较的第三项"①——"功能是一切比较法的出发点和基础。这是比较的第三项(tertium comparationis)……对于比较的过程,这意味着对于我们在各种法律秩序中发现的不同解决方法须与其概念语境分离开来,并清除其本民族法律学说的暗示,这样才能纯粹地从功能的角度审视它们,并作为满足一种特定法律需求的尝试。"②

为此,下一步,著者主张建立一个松散的比较体系,从而能够在一些宽广的大概念之下,把那些虽然是异质的、但在功能上是可以比较的制度都包括其中。例如,不当得利的原则是"普遍存在的",它确实是到处以种种形态出现:在一个法律体系中,它是不当得利返还请求权;在另一法律秩序中,它成为不法行为;而在第三种法律秩序中,则成为契约上的返还请求权。在这种情况下,比较法体系必须找到一个能够包括共同功能的总括性概念,或者甚至找到若干个不同的概括性概念,分别涵盖带有不同方式但是实质目标相同的请求权的不当得利返还请求。例如,大致可以使用关于"错误给付的偿还",侵占他人财产、无权使用他人财产等的反对给付。

这样比较法就产生了一个由功能综合构成的体系,而且超越了本国制度的概念网络。它的各种概念表明生活事实给具有同样社会、经济前提的一切法律提出的各种法律课题;对此,这些概念带来了种种的解决办法,这些解决办法可能只是在法律技术上不同,也可能在实体上不同,但是在实质的根据上却是相互关联的,在这种关联上可以进行比较和相互较量一番。

由此可以看出,功能成为联系具体与抽象(各国具体的法律制度与抽象的总括性概念)的纽带,它使人们超越异国法律概念的界限,构建了比较法的体系——"普遍的"比较法律科学或称为"一般法"。这揭示了茨威格特、克茨功能主义方法的追求目标"是一种名副其实的国际运作的比较法,这种比较法可以给普遍的法律科学准备基础"③。

---

① 即比较的标准和中立的参照物,亦可译为"比较的第三者"。
② 转引自[德]根特·弗兰肯伯格:《批判性比较:重新思考比较法》,贺卫方、王文娟译,载梁治平主编:《法律的文化解释》(增订本),生活·读书·新知三联书店1998年版,第204—205页。
③ 参见[德]K·茨威格特、H·克茨:《比较法总论》,潘汉典等译,法律出版社2003年版,第68页。

茨威格特、克茨完善和确立的功能比较方法的最重要的理论贡献,在于有效地揭穿了规范比较理论的真相,根据这个理论,比较法学者只有对那些分享一个共同的历史传统、继承同样的文化遗产、对于社会中的法律规则有共同的理解立场,或者拥有一个相似的概念结构或运作风格的法律秩序才能进行比较。[1] 而功能主义原理则在大陆法与普通法之间架起了桥梁,并在矗立于资本主义与社会主义之间的壁垒上打开了一个突破口,而且也把看来完全异质的其他法律秩序纳入比较法的框架,从而将全世界法律秩序作为其研究对象成为可能。它因此大大扩展了比较法的研究范围,也有助于摆脱对法律的教条主义的僵化认识。部分地因为这一方法,二战后50年的比较法才取得了长足的发展,它也因此被高度赞美为"比较法贡献给20世纪法律科学的最重要的礼物"[2]。

但是任何学科的发展都没有止境,知识要获得新的突破,其迈出的第一步必然是对现有的权威发出挑战。从这点来说,茨威格特、克茨的功能主义既是对规范比较方法的批判性继承和发展,同时伴随着人们对法律认识的不断深化,又成为比较法研究方法进一步探索的基础和起点。

第二节 法系划分理论

将世界上众多的法律秩序加以分类,从而归入少数几个大的法圈(Rechtskreise,以下通俗地称为法系),这是比较法理论中阐述的法系论要完成的任务。但正如达维德所说,"法系"的概念没有与之相对应的生物学上的实在性,使用它只是为了便于讲解,为了强调在各种法之间存在的相似之处与区别。[3] 因此,它只具有学理上的意义。

---

[1] Christopher Osakwe, "Recent Development: An Introduction to Comparative Law", in: *Tulane Law Review* (1988), vol. 62, pp. 1511-1512.

[2] Vivian G. Curran, "Cultural Immersion, Difference and Categories in U. S. Comparative Law", in: *The American Journal of Comparative Law* (1998), vol. 46, p. 66.

[3] 参见[法]勒内·达维德:《当代主要法律体系》,漆竹生译,上海译文出版社1984年版,第24页。

一、对以往理论的批判

在"法系的样式"一章中,茨威格特、克茨首先批判性地分析了不同学者所提出的法系划分标准。他们依次检讨了埃斯曼(Adhémar Esmein),莱维-于勒曼(Henri Lévy-Ullmann),邵塞尔-霍尔(Georges Saucer-Hall),阿尔曼戎(Pierre Arminjon),诺尔德(Boris Nolde)和沃尔夫(Martin Wolff),达维德,马尔斯特勒姆(Åke Malmström),埃尔希(Gyula Eorsi)等提出的法系划分理论。对这些理论他们并不赞同,认为其分类标准是一元性的,如邵塞尔-霍尔以人种为标准,达维德最初以意识形态为标准等,因此往往失之于片面,缺乏说服力。在著者看来,它们的缺陷在于没有回答"研究各种法律秩序本身"应当依据什么标准这个问题。

二、样式理论

对既往法系理论进行批判之后,茨威格特、克茨提出了自己的法系论。他们的理论是以各个法律秩序以及这些法律秩序所构成的整个群体具有的特定样式,即"法系样式(Rechtsstile)"为出发点的。其目的并非要提出新的法系分类,而是要使用样式的概念及其法学的解释,比以前更清晰准确地阐明进行法系划分和各个法律秩序分配的标准。

"样式"原本是艺术领域的概念,指哥特式、巴洛克式、洛克克式等不同艺术风格,含义是使精神的和内在的特征形象化地具有个性的方式或类型。[①] 以后,这一概念被应用于各个领域,例如,在经济学领域,阿瑟·斯皮托夫(Arthur Spiethoff)使用了"经济样式"这一概念,将其定义为:"将经济生活的独特形态具体化的各种标志的总汇。"[②]茨威格特、克茨则在法学领域内沿用了这一概念。

在这种情况下,应该从构成法律样式特征的所有要素中,找出特别重要的本质性要素。根据茨威格特、克茨的判断,他们提出了5个具有决定意义的样

[①] 参见[日]大木雅夫:《比较法》,范愉译,法律出版社1999年版,第113页。
[②] 参见[德]K·茨威格特、H·克茨:《比较法总论》,潘汉典等译,法律出版社2003年版,第107页。

式构成要素,即:(1)一个法律秩序在历史上的来源与发展;(2)在法律方面占统治地位的特别的法学思想方法;(3)特别具有特征性的法律制度;(4)法源的种类及其解释;(5)思想意识因素。

以上述第(3)项为例,茨威格特、克茨认为,一定的法律制度,"由于其突出的独特性,具有影响法律样式构成的力量",因此应属样式构成要素。[①] 下面所列举的法律制度,就是一部分的例证。

普通法系:代理、约因(consideration)、禁止反言(estoppel)、原则上否定履行请求之诉、信托、侵权行为法的决疑论、多元化的财产权、"实产(real property)"和"属人财产(personal property)"的划分、法人的相对性、财产"归属于"遗嘱执行人、证据法的特殊性。

罗马法系:原因(cause)、权利滥用(abus de droit)、直接诉权(action directe)、债权人代位诉讼(action oblique)、翻转对物诉讼(action de in rem verso)、广泛的无过失侵权行为责任、无因事务管理;

德意志法系:一般条款、法律行为、无因的物权契约学说、缔结契约上过失责任、行为基础丧失理论、不当得利制度牢固的地位和土地登记簿;

社会主义法系:多元性所有权、计划契约、婚生子女与非婚生子女的平等待遇等。

以样式理论为标准,茨威格特、克茨将世界上的法律制度划分为以下8个法系:罗马法系、德意志法系、北欧法系、普通法系、社会主义法系、远东法系、伊斯兰法系、印度教法系。

三、法系划分的相对性原理

需要补充的是,与严格的科学截然不同,社会、历史科学中的各种关系都是相对的,对它们的分类难免带有假说的性质。关于法律秩序分类所存在的不可避免的相对性,茨威格特、克茨分别以主题关系相对性原理和时间相对性原理加以论述。

[①] 参见[德]K·茨威格特、H·克茨:《比较法总论》,潘汉典等译,法律出版社2003年版,第113页。

1. 主题关系相对性原理

法系的分类可能因所涉及的法的部门不同而结果各异，比如，某一法律秩序中的私法应当归于某一个法系，而它的宪法应当归入另一个法系。茨威格特、克茨因此把比较法限定在私法领域内的各种法律制度的比较上。但即使只考察私法，在各法系内部也会有显著的偏差，尤其是对混合法等做分类尤为困难。例如，阿拉伯各国的家庭法和继承法明确地具有伊斯兰法的特征，而印度家庭法则明确地具有印度教法的特征；但这些国家的财产法却分属于原来的宗主国法。因此，法系分类随有关法律主题的不同而有差异，这就是法系论的"主题关系相对性原理"。

2. 时间相对性原理

茨威格特、克茨指出，法系划分尤其受到时代的制约，受到立法或者其他事件的轻易左右。比如，日本曾经仿效欧洲大陆的模型颁布实施许多法律，但由于它们对日本的法律现实并没有产生实质的影响，茨威格特、克茨一直将其归入远东法系，然而日本当代的发展使人们逐渐觉得应该将现代日本法归属于欧洲的法系而非远东法系。同样，随着1990年前后苏联解体和东欧的变化，茨威格特、克茨认为，尽管这些国家还要经过很长一段时间才能抹去持续了40余年的社会主义法律的政治意识形态的历史痕迹，但作为学理上的社会主义法系实际上已经消失了。因此，1996年第三版《比较法总论》把曾占原书很大篇幅的"社会主义法系"一编删掉了。

这些例子说明"时间相对性原理"在法系论中的作用——将世界法律划分为若干体系，并且将各个法律秩序归入此一法系或彼一法系，是不能独立于历史发展与变化之外的。

综上可见，虽然茨威格特、克茨对具体的法律制度进行比较时主张采用功能主义原则，但对各国不同的法律体系进行比较时，他们却做了更大胆的尝试——主张比较法研究必须致力于掌握各个法律秩序和这些法律秩序所构成的整个群体具有的"法律样式"，而样式的概念所包含的内容已远远超过它本身，包括历史、思维模式、制度、法律渊源、意识形态等。这使比较法学家对应该考虑的法律语境的把握更为详尽明确，同时，正因为有这一思想方法作为统率和指导，《比较法总论》对世界上的法系，尤其对西方法系的描述才那么深邃和精彩。

第四章　茨威格特和克茨的《比较法总论》

第三节　对西方法系的"深度描绘"

对普通读者来说,他可以跳过学理性的功能主义原则,也大可不必理会法系划分的样式理论,然而《比较法总论》对世界上的法系,尤其是对西方几个法系所做的描绘却不能不使他为之动容,并被深深吸引。笔者认为,即使有一天功能主义被超越,法系划分理论也显得落伍,但能使这部名著依旧熠熠生辉的将是这部分内容。在这里,茨威格特、克茨从历史、社会、文化甚至心理等多个角度对几个法系的轮廓进行深入和丰富的刻画,这种手法,笔者将其概括为"深度描绘(thick discription)"①。正是凭借它,《比较法总论》对西方几个法系的描述才如此栩栩如生,充满魅力。

在"世界上的法系"这部分内容中,茨威格特、克茨偏重的实际上只是西方法系,而又进一步集中于罗马法系、德意志法系与英美法系。在对这三大法系进行的描绘中,著者几乎对他们所涉及的每一个问题,诸如法系的发展、法律的精神和特征、法律的继受与传播、法律职业等,都做了相当深刻的分析。他们尤其重视在法律生活中活动的"法律名流"对于法律风格形成的作用。

试以第二十章"普通法和大陆法发现法律的方法与诉讼程序"中的部分内容为例来说明这一特色。

在此之前,茨威格特、克茨已经详细描述过了普通法与大陆法这两大法系在历史发展、法律渊源、法官的地位、律师的作用、法律教育的方法和诉讼程序等方面的差异。

在英国,国王在中世纪早期就已成功地将司法集中在伦敦仅有的少数几个法院中,这就使普通法能够在本国源泉的基础上有效地在全国发展。一种组织良好的有影响的律师行会围绕这些中央法院成长起来,它们具有选择、培养和接纳开业新会员的充分独立性,甚至做到只有该行会的成员才能被任命进身于司法机构。这使英国的法律具有法庭的和经验主义的特性,控制这种

---

① "深度描绘"是从美国人类学家格尔兹(Clifford Geertz,1926—　)的文章中借来的一个概念,原意是指对文化现象的意义进行层层深入描绘的手法。参见[美]克利福德·格尔兹:《文化的解释》,纳日碧力戈等译,上海人民出版社1999年版,第3—34页。

77

法律的是法律实务家,法律也必须在判例汇编中发现。

与英国相比,德国的情形颇为不同,它的中世纪历史是皇权不断衰落的历史,这就拖延了中央法院和行政机构的成长,妨碍"帝国法学家阶层"的兴起,从而使当地固有的法律难以有力地阻止罗马法的推进。罗马法是作为"学者的法律"而出现的,意大利北部的大学教授们重新发现了它,他们以经院哲学和人文主义的方法精制和发展了它,并且只教授、讲授它,人们也必须到大学中去学习它。因此,德国在继受罗马法后,法律具有十足的学院的和理论的特性,控制这种法律的是大学教师,法律必须在教科书中去发现。另外,那些精通罗马法的法学家于继受罗马法期间在德国确立地位,大都被雇为各邦统治者的行政官员,他们作为邦国君侯的官方顾问,这种从属的地位使他们不可能组成行会或职业团体,以获得独立社团能够拥有的权力。这使德国至今仍然存在着一种习惯性的认识,即认为实施法律是属于国家官僚机构的职能,而司法官则是国家行政人员的组成部分。

在法国,1789年以前,司法官职务的世袭与捐纳制度以及各最高法院曾企图取得的政治上的地位使法国的法官在过去形成一种完全独立于行政官吏之外的社会等级集团。大革命摧毁了旧王朝的"穿袍贵族"之后,司法官在身份地位上同一般官吏已大大接近,真正的司法权的思想在法国已经消失。法官们把自己视为"国家公务员",是司法官僚机构的无名小卒,由司法机构任命、提升、奖赏和发给他们退休金,他们施行一部被认为是无所不包和确定无疑的法典,遵循一种极端的分权学说,这种学说试图最大限度地限制法官的创造性,要求实际生活中的争议只能通过根据规则的归类法加以解决。

英国与欧洲大陆在政治史、社会史和智识史方面的巨大差异,影响到包括如何对待法律渊源在内的整个法律生活。它们使普通法和大陆法这两大法系发现法律和运用法律的技术——实际上是整个法律思想的典型方法极为不同。对此其他学者已有非常生动和深刻的描述,著者尽可以像其他许多著作那样将其进行总结,到此搁笔。

然而,茨威格特、克茨从来不满足于单纯的皮相的观察,而从社会现实的角度对此问题进行深入的挖掘。他们指出,在法律思维方式上,普通法国家的归纳式解决问题方法与欧洲大陆国家系统的概念思想方法之间无疑具有差异,但若把这种对立看作是绝对的,那就不能准确和全面地反映当今两大法系发生的实际情况。

例如,长期以来,人们普遍认为欧洲大陆和英国法律思想方法的基本区别在于先例拘束力原则。然而,普通法的先例拘束力原理已发生了很大变化,英国法官已经设计出各种方法和手段(比如"区分技术")来避免遵循不令人满意的先例;美国许多法院采用"未来推翻(prospective overruling)",意为不溯及既往的变更先例,使判例法发生了根本变化。而且英国上议院还通过一个惯例性声明以申明这一具有"心理重要意义的一步",放弃了遵循先例原则的最前沿阵地之一。

反观欧洲大陆,那里绝对不存在任何强行规定法官必须受上级法院判决拘束的法律规则,但在现在的实践中,法国最高法院和德国联邦最高法院的一项判决,像英国或美国上诉法院的判决一样,能够得到下级法院的遵循。

因此,普通法中遵循先例原则和欧洲大陆各国法院的实际做法常常导致相同的结果:当法官能够在最高法院的一个或数个判决中找到似乎与他面前的案件有关的一条规则时,他将遵循该判决中的规则,这在德国、英国和法国都是一样。

到此,似乎得到了最终的结论。然而,就在一般人的思路即将止步的地方,著者偏偏继续追问——先例既然在两大法系中同样发挥作用,那么它在两者中的运作方式到底是否相同?

茨威格特、克茨进一步剖析,为了有可遵循的规则,法官必须首先从判例中抽出此类规则;但是关于抽取此类规则的方法,普通法与大陆法之间存在着显著的差异。

普通法法官探究判例法和从中抽出规则与原则的技术,是"从判例到判例推理"这种成熟而精湛的传统的产物。这是一种以案件的特定事实为基础的归纳式思维方法和深入细致对待有关先例的方式。而欧洲大陆的法官仍受到旧式实证主义思想的影响,据此,裁判案件不过是通过归类活动把特定法律规则"适用于"争议的事实。他们认为最理想的"可适用的"法律规则是制定法条文,而在司法中发展起来的法律规则和原则,只有通过实践证明其效力在各方面获得社会认可,从而已经"凝结为习惯法"时,才能得到官方承认。

由此可见，先例在普通法和大陆法中的运作方式截然不同。而同样显而易见的是，今天欧洲大陆法官在发现法律时已将判例作为实际的法律渊源，它已经明显不同于旧式的法律渊源学说。

然而，人们不禁要问，既然如此，为何判例的作用没有在大陆法中明显地表现出来？茨威格特、克茨回答说，这是由于大陆国家的法官们的现有倾向总要依据法律条文，判例的创造性作用总是或几乎总是隐藏在法律解释的背后。他们以法、德、意三国最高法院的判决风格为例来说明这一点。

欧洲大陆国家的最高法院在判决中不情愿论及案件事实，以法国为例，法国最高法院通常只是隐隐约约地间接提及案件事实；此外，它甚至从不援引自己先前的判决，更少谈及它何以遵循此判例而不是彼判例。即使法国最高法院的法官们实际上十分细心地检查判例法，"但是他们却喜欢给外界以这样的印象：他们一挥动逻辑上从大前提到小前提这根魔杖，判决就从制定法的条文中蹦出来"。① 尤其是，欧洲大陆各国最高法院的判决，有时仍反映100年前专制国家的传统：判决首先是以非个人名义做出，体现的是国家的行为，它在敬畏的公民面前炫耀法律的威严。因此，这种传统肯定不允许出现这样的情况，即法官踌躇再三，比较掂量该"案件"解决问题的具体办法的正反两方面意见，然后做出判决。这种解决问题的具体办法被认为不是出自纯粹的理性和冷酷的逻辑。

至此，通过一波三折、抽丝剥茧式的层层分析，欧洲大陆和英美法律思想方法在判例上的相似与差异就鲜明地呈现在读者面前。这个印象是立体的、摇曳多姿的，而非单维的、平铺直叙的。它建立在社会学研究的基础之上，对生活事实进行考察，而从不停留于事物的表层。这正是茨威格特、克茨对西方几大法系进行"深度描绘"的成功所在。

在学术上，优秀著作的价值并不在于让人们对它顶礼膜拜，而在于它给人们的进一步探索提供了一副"巨人的肩膀"。在此意义上，《比较法总论》是世界比较法发展史上的一块丰碑，它不仅大大推进了人们认识的历程，同时又成为今天世界比较法学新发展的基石。

---

① 参见［德］K·茨威格特、H·克茨：《比较法总论》，潘汉典等译，法律出版社2003年版，第384页。

第五章 20世纪末德国比较法学的新发展

第一节 发展背景

20世纪的最后十几年来,由于后社会主义国家的转型和欧洲的统一在区域范围内产生的影响,以及全球化的形成在世界范围内带来的推动作用,欧美国家对法律协调和作为其预备手段的法律比较产生更为迫切的需要。在这种情况下,具有技术功能的比较法不仅愈发必不可少,而且对它进行评价和展开批判也同等重要。

同时,在全球化的进程中,不同的法律体系和文化之间难免产生碰撞,并且必然相互作用。这也引起一些有关比较法的选题和范围,以及法律统一等新问题的产生。这些新问题涉及诸如对其他文化特定道德的和法律的标准的适用等。当人们认识到以世界性法律为工具管理全球化,尤其是经济全球化,要求具备一个以"全球法律多元主义"为基础的世界法律秩序的观念时,这些问题变得日益紧迫起来。[1]

另外,近一二十年来,随着文化研究的升温,对法律进行文化解释逐渐成为法律研究的一种主导范式。[2] 在这种法律观看来,法律不仅仅是一种解决社

---

[1] Anne Peters, Heiner Schwenke, "Comparative Law Beyond Post-Modernist", in: *International and Comparative Law Quarterly* (2000), vol. 49, p. 800.

[2] 关于这种研究趋向,参见梁治平主编:《法律的文化解释》(增订本),生活·读书·新知三联书店1998年版。

会问题或满足社会需要的工具,它也是一种文化现象,是表达或传递意义——人们对世界、社会、秩序、正义等问题的看法、态度、情感、信仰、理想——的符号。① 例如,德国比较法学家伯恩哈德·格罗斯菲尔德(Bernhard Grossfeld,1933—)就认为,每个法律体系都是"各种决定性因素之特定结合的独特产物":每种文化都有其特定的法律,而每种法律都有其特定的文化,法律即文化或文化即法律;法律因文化的不同而各有不同。② 因此,要理解一种法律体系,必须深入把握其背后的文化底蕴。这种法律观进一步深化了人们对法律的认识。

不仅如此,20世纪八九十年代以来,西方法理学的各个学派都在不同程度上受到后现代思潮的影响。后现代法学随之兴起,并成为西方法哲学的主要趋势。西方比较法学界中一些更为激进的学者也将后现代主义(post-modernism)理论引入到比较法研究中。

在以上多种因素的综合作用下,近一二十年里,西方的比较法领域发生了一场意味深远的变革:一些比较法学者在对法律进行深入认识的基础上,一方面主要以后现代理论为智识平台,对传统比较法展开批判;另一方面也试图探寻比较法研究的新方向。这批学者有的较为温和,有的则较为激进,为方便起见,他们被统称为后现代主义者。③ 德国在这方面的代表人物主要是格罗斯菲尔德和根特·弗兰肯伯格(Günter Frankenberg)。他们的研究成果集中体现了德国比较法学的最新发展。

第二节 后现代主义者对传统比较法的批判

后现代主义是一个非常模糊的术语,其含义一方面依赖于它所使用的文学理论以及建筑、哲学等学科,另一方面又以"现代主义"和"现代性"作为其前

---

① 参见黄文艺:《论当代西方比较法学的发展》,载《比较法研究》2002年第1期。
② [德]伯恩哈德·格罗斯菲尔德:《比较法的力量和弱点》,孙世彦、姚建宗译,清华大学出版社2002年版,第64—65页。
③ Anne Peters, Heiner Schwenke, "Comparative Law Beyond Post-Modernist", in: *International and Comparative Law Quarterly* (2000), vol. 49, p. 801.

置性概念。大致说来,后现代主义强调文化和社会领域的差异性、多元性和异质性,认为知识形式、道德体系以及个人的生活追求和行为模式都是多种多样的。它乐于接受这些各不相同的立场,查明它们独特的个性,而反对某类理性观的统一化垄断以及导致绝对性的普遍主义观念。它认为,社会和文化生活中存在的异质的群体、利益、话语等因素永远不可能同化到普遍的或普适的标准中去,而所谓的普遍性、共同利益和共识,掩盖的无非是霸权主义者的特殊性、特殊利益和特殊话语罢了。[①]

与此相应,后现代主义者以结构论(framework-theory)作为批判的理论基点和关键性的假设前提。根据结构论,各种文化之间没有共同性来确保中立的和客观的意义与价值的可能性,独立的世界意义和价值根本不存在,一切体系都是自我包含(self-contained)、自我参照(self-referential)和关联(relative)的;推理、语言和判断受知识、语言、文化和道德的种种结构的束缚,这些结构不容忽视,也没有共同的尺度可以衡量。法律作为一种文化现象,知识和语言的载体以及饱含道德伦理的符号,也就不可避免地受种种结构的制约。不仅如此,他们还进一步引入"权力""他者(the Other)""差异""类别"等基本概念和理论对结构论进行补充。

总之,以上述理论为依据,后现代主义者对传统比较法的方法、追求目标和分类等实质问题展开了深入的批判。

一、对功能主义的批判

后现代主义者对功能主义的批判集中指向它的"类似的推定",它公开标榜或隐含的普遍主义观念,以及它对客观性和中立性的主张。

后现代主义者强调不同法律体系之间的文化差异。他们认为,由于法律的思想、语言和判断同样不可避免地受知识、语言、文化和道德的各种结构的制约,那些从形式上或功能上看似乎相同或类似的法律,实质上可能隐藏着深刻的文化差异。功能主义把只有履行相同功能的法律才能进行比较作为前

[①] [美]道格拉斯·凯尔纳、斯蒂文·贝斯特:《后现代理论:批判性的质疑》,张志斌译,中央编译出版社1999年版,第5章。

提，它所要寻求的其实是那些按照国内法的分类和解决模式组织的问题在外国法中的解决办法。[1] 这样，它对问题的研究就只停留在法律问题的功能效果的表层，却没有深入到社会的、历史的和文化的实质中。而这些实质问题也扎根于解决办法中，但却被功能主义者冒着很容易误读的风险给有意地忽略了。

后现代主义者批判道，对法律功能的强调当然只适于产生相似（或相同）的结果：茨威格特、克茨明确地表示他们的目标就在于避免发现差异，他们把"类似的推定"作为工作假设运用于研究中，这样即使对立的法律体系之间存在根本差别，也必将被排除在外。[2] 这种研究方法的结果是，法律体系中的相似性并非比较分析得来的可能的结果，而是他们对于比较行为正确性的一种确认；他们肤浅的思考和对形成个性的传统的忽视扭曲了法律分析，并掩盖了潜藏于法律文化中的巨大差异。[3] 美国比较法学者维维安·库兰（Vivian Grosswald Curran）也指出，"类似的推定"的危险在于，它是导向对问题表面下的有时是不相容的法律体系中的差别拒绝进行探索的同义语的重复。[4] 即使是纯粹功能主义者的研究对象，如国际法律的协调、实际条约的起草和对其他国家法律解决办法的理解，也会因为对不同法律体系中的不相容的特征的忽略而受到损害。[5] 后现代主义者指出，否认差异就是否认形成事物个性的特殊性，在此意义上，功能主义掩盖和抹杀了个性。[6]

功能主义者把法律看作是满足社会需要的工具，他们认为，随着世界全球化的出现，法律规范的国家特点也就会逐渐消失。按照这个逻辑推演下去，功

---

[1] ［德］根特·弗兰肯伯格：《批判性比较：重新思考比较法》，贺卫方、王文娟译，载梁治平主编：《法律的文化解释》（增订本），生活·读书·新知三联书店1998年版，第201页。
[2] ［德］根特·弗兰肯伯格：《批判性比较：重新思考比较法》，贺卫方、王文娟译，载梁治平主编：《法律的文化解释》（增订本），生活·读书·新知三联书店1998年版，第200—201页。
[3] Vivian G. Curran, "Book Reviews: Kernfragen der Rechtsvergleichung. By Bernhard Großfeld", in: *The American Journal of Comparative Law* (1999), vol. 47, pp. 537-538.
[4] Vivian G. Curran, "Cultural Immersion, Difference and Categories in U. S. Comparative Law", in: *The American Journal of Comparative Law* (1998), vol. 46, pp. 66-67.
[5] Vivian G. Curran, "Cultural Immersion, Difference and Categories in U. S. Comparative Law", in: *The American Journal of Comparative Law* (1998), vol. 46, p. 67.
[6] Anne Peters, Heiner Schwenke, "Comparative Law Beyond Post-Modernist", in: *International and Comparative Law Quarterly* (2000), vol. 49, p. 811.

能主义必然导致法律普遍主义观念的产生。[1] 但在后现代主义者看来,既然不存在普遍适用的真理,其他文化自有其不同的真理标准,每个法律体系也都有其独特的个性,[2]那么所谓的普遍主义,并非真的是世界上所有法律秩序所具备的共同特性,而是欧美"法律帝国主义"的委婉之词罢了。[3]

这一点也自然导向对功能主义者所主张的中立性和客观性的批判。批判者认为,结构是制度化的,知识和理解依赖于结构,所以比较法学者受制于"概念、研究方法、职业伦理和政治织成的网,通过这张网主流文化把它指挥法律学术的一套标准施加给学者个人"[4]。这样,学者文化的、历史的以及个人的先入之见不可避免地影响到他领悟和比较的方式。因此,不存在可以对法律的解决办法进行描述、比较和评价的外在的客观的立足点,任何中立性的企图都不过是自欺欺人;表面上看来是非政治的功能主义,实际上是"以自身尺度衡量别人的无意识解读";[5]功能主义者自诩的中立性立场,只不过是学者自己幻想出来的一种规划和霸权主义者的自负而已。[6]

二、对传统比较法追求目标的批判

传统比较法学者认为,比较法是克服狭隘的民族主义观念的特殊工具,其目标在于使人眼界开阔、保持距离,从自己文化的僵化认识中解脱出来,成为自由的观察者,并最终获得关于法的普遍主义的观念,建立一个超国家的法律

---

[1] 例如,茨威格特、克茨就表明其功能主义方法的追求目标"是一种名副其实的国际运作的比较法,这种比较法可以给普遍的法律科学准备基础"。参见[德]K·茨威格特、H·克茨:《比较法总论》,潘汉典等译,法律出版社2003年版,第68页。

[2] [德]伯恩哈德·格罗斯菲尔德:《比较法的力量和弱点》,孙世彦、姚建宗译,清华大学出版社2002年版,第69页。

[3] Anne Peters, Heiner Schwenke, "Comparative Law Beyond Post-Modernist", in: *International and Comparative Law Quarterly* (2000), vol. 49, p. 816.

[4] Günter Frankenberg, "Stranger than Paradise: Identity & Politics in Comparative Law", in: *Utah Law Review* (1997), p. 270.

[5] [德]根特·弗兰肯伯格:《批判性比较:重新思考比较法》,贺卫方、王文娟译,载梁治平主编:《法律的文化解释》(增订本),生活·读书·新知三联书店1998年版,第175页。

[6] Anne Peters, Heiner Schwenke, "Comparative Law Beyond Post-Modernist", in: *International and Comparative Law Quarterly* (2000), vol. 49, p. 811.

体系。① 目前,德国主流比较法学者对"欧洲共同法"的追求具体地说明了这一点。

后现代主义者却对传统比较法的这一作用深为怀疑,并对当前西方主流比较法学者所从事的事业及其追求目标展开激烈的批判。在这里,后现代主义者把"权力"和"他者"的理论作为批判的假设前提。

"权力"和"他者"是后现代主义者非常偏爱的话题,又因为比较法正是通过对东方与西方、普通法与大陆法、"我们"与"他们"之间差异的界定来处理"他者"问题,这样"他者"就不可避免地渗透整个比较法事业。②

批判者之所以着力于"权力"与"他者",目的在于试图揭示法律制度中的征服与歧视的模式。他们常常研究诸如前殖民地、发展中国家和前社会主义国家这些曾经或者仍然被支配和边缘化的法律文化,在他们看来,它们正遭受着资本主义的法律顾问和市场力量操纵着的新形式的法律统治。③

后现代主义者认为,因为不存在一元化的真理,也就无所谓对真理的探索。每一种文化都有其自身的合理性,它没有必要采纳他人对合理性的理解。④ 各种自我标榜的所谓"真理"其实只是种种意识形态。因此,法律科学和一般意义上的法律一样,根本上是一个意识形态,一个理论构造,其目的在于为权力操作的获取、巩固和正当化提供依据,它尤其意味着对"他者"的支配和歧视。所以,整个比较法过程并非真正是对两个事实进行公平的比较,而是对异质者权力导向的策略、"他者"按照众所熟知的标准所做出的适应。

弗兰肯伯格在《比较法的本体与政治学》(1997)一文中指出,近十几年来,西方的比较法已经发展成为一项具有相当实践冲击力的和颇富侵略性的政治事业,它超出了学术的范围,充当起权力的助手,成为新政权的专家顾问们的

---

① 参见[德]K·茨威格特、H·克茨:《比较法总论》,潘汉典等译,法律出版社2003年版,第1章、第3章。

② Anne Peters, Heiner Schwenke, "Comparative Law Beyond Post-Modernist", in: *International and Comparative Law Quarterly* (2000), vol. 49, p. 802.

③ Anne Peters, Heiner Schwenke, "Comparative Law Beyond Post-Modernist", in: *International and Comparative Law Quarterly* (2000), vol. 49, p. 824.

④ [德]伯恩哈德·格罗斯菲尔德:《比较法的力量和弱点》,孙世彦、姚建宗译,清华大学出版社2002年版,第176页。

第五章　20世纪末德国比较法学的新发展

必需工具。[①] 他认为,当代比较法已不再仅仅是一项学术事业,它也是一种"政治干涉"、一个意识形态工程,它服从一个秘密的(或无意识的)"霸权政治"的规划。

弗兰肯伯格将这类占主流地位的比较法学者描述为"霸权者""法律家长式统治的代表",他认为这类学者关心的并非真理,而是权力;他们所从事的比较法活动是"在比较法科学掩盖下的政治学"和"侵略性的政治事业";他们的语言、目标、方法和学术之外的实践活动暴露出他们对本国法的强烈偏爱,但他们却试图抑制这种主观性,并竭力隐瞒他们自我标榜的客观性和中立性背后的特有视角,而以实用主义掩盖他们的政治学。他们拥有一个"家长式统治的社会日程""一个对著作论题的极权性控制",并为英-欧(Anglo-European)法律权威的强化和扩张而奋斗。[②] 总之,他们追求一项新殖民主义(neocolonialism)的事业。传统比较法的方法和技术因而也是"战略性的(strategic)",[③]它们对西方法的优越性和干涉的必要性进行确认,并为其正当化提供服务。[④]

同样,法律协调也是"新干涉主义政治计划的一部分";当前在许多国家进行的法典化浪潮也证明了这一点——它虽然和19世纪的法典化浪潮一样隐含着解放的政治意义,但后者是一场从专制主义走向民主的运动,前者本质上却是通过法律移植和协调战略手段而实施的一种后现代形式的征服,其背后的操纵者是欧洲共同体、世界货币基金组织、世界银行、亚洲发展银行以及其他国际的或超国家的机构。[⑤]

[①] Günter Frankenberg,"Stranger than Paradise: Identity & Politics in Comparative Law", in: *Utah Law Review* (1997), p. 260.

[②] Günter Frankenberg,"Stranger than Paradise: Identity & Politics in Comparative Law", in: *Utah Law Review* (1997), pp. 263–265.

[③] [德]根特·弗兰伯格:《批判性比较:重新思考比较法》,贺卫方、王文娟译,载梁治平主编:《法律的文化解释》(增订本),生活·读书·新知三联书店1998年版,第185页。

[④] Günter Frankenberg,"Stranger than Paradise: Identity & Politics in Comparative Law", in: *Utah Law Review* (1997), pp. 265–266.

[⑤] Günter Frankenberg,"Stranger than Paradise: Identity & Politics in Comparative Law", in: *Utah Law Review* (1997), p. 262.

三、对传统比较法分类的批判

与上述问题相应,后现代主义者对传统比较法的批判也指向其分类理论,尤其是占主导地位的西方法与非西方法之间的二分法。

后现代理论认为,在逻辑和科学严重依赖只有相对有效性的特殊的知识结构的前提下,所有分类学的类型都令人怀疑。对分类的不信任尤其关系到比较法,因为传统比较法正是把分类(例如法系)当作它的一项主要任务。

批判者认为,当前比较法学者的分类只是"形式主义的秩序化和标签化,以及对于经常是从有限的资料中胡乱地收集来的信息所进行的种族主义解释"[1]。它实质上是以欧美为中心的。[2] 例如,茨威格特、克茨的"法圈"论把西方法系放在核心位置进行详细的划分,而对那些或拒绝西方的法律观念,或具有不同的起源、传统、意识形态或类型特征的法律体系,一旦它们不能适应著者编定的秩序,就将它们放逐到一种残余的范畴中去。[3]

批判者认为,这种划分方法表面上看来是非种族中心主义的和不偏不倚的,但实际上都与"二分法"暗合。从大的方面来讲,它与在具有一种"共同核心"的各种文化中的法律和在全然不同的文化中的法律之间所进行的二分法相联系;在一定程度上又与西方的/东方的二分法以及成熟的/不成熟的、发达的/发展中的、现代的/原始的、原生的/派生的等二分法相叠合。诸如此类的二分法将复杂事物过分简单化,并且几乎总是将西方法律文化置于某种未曾言明的规范化等级的顶端。[4] 他们指出,这其实是霸权主义者的一种战略性比较的策略:本国法先是被设置为自然的、正常的或优越的标准;而后,按照相

---

[1] [德]根特·弗兰肯伯格:《批判性比较:重新思考比较法》,贺卫方、王文娟译,载梁治平主编:《法律的文化解释》(增订本),生活·读书·新知三联书店1998年版,第183页。

[2] Günter Frankenberg, "Stranger than Paradise: Identity & Politics in Comparative Law", in: *Utah Law Review* (1997), p.267.

[3] 以《比较法总论》第二版为例,茨威格特、克茨将西方法系详细地划分为罗马法系、德意志法系、北欧法系、普通法系和社会主义法系(它本质上也属西方法系),而把中国法、日本法、伊斯兰法和印度教法则笼统地归纳为"其他法系"。详见[德]K·茨威格特、H·克茨:《第五章 法系的样式》,《比较法总论》,潘汉典等译,法律出版社2003年版,第99—116页。

[4] [德]根特·弗兰肯伯格:《批判性比较:重新思考比较法》,贺卫方、王文娟译,载梁治平主编:《法律的文化解释》(增订本),生活·读书·新知三联书店1998年版,第184页。

第五章　20世纪末德国比较法学的新发展

关的(例如比较法学者自己的文化)法律概念和分类的镜像对从比较法研究中暴露出来的相似与差异进行分类。这样,战略性比较进一步确认了"资本主义"与"社会主义"、"发达的"与"原始的"法律之间的对立。通过同化作用,战略性比较为西方法律的智识和标准的优越性进行辩护,为它以全球理想法律之名干涉其他法律世界的必要性提供正当理由。由此,西方法律的权威性就这样确立起来了。[①]

对后现代主义者的批判,德国传统比较法学者的反应是不一样的。较为保守一点的学者如安尼·派特斯(Anne Peters)和黑讷·斯彻温克(Heiner Schwenke)在《超越后现代主义的比较法》(2000)中认为,这些激烈的批判有的言过其实,而且充满了内在矛盾;其他一些学者则在一定程度上肯定了其理论价值。

在后现代主义批判的影响下,有几个主流法学者开始对传统比较法研究进行反省,并且逐渐认识到,比较法必须根据现存的法律文化来看待世界,也就是说,应该将比较法作为由经济、宗教、社会习惯等因素所组成的广博的社会结构的一部分进行研究。[②] 克茨发表的《向法圈理论告别?》(1998)、《比较法的旧任务与新任务》(2002),贝斯道(Jürgen Basedow)的《在民族神话与欧洲理想之间的法律文化》(1996)等文章说明了这一点。

例如,近年来克茨对功能主义采取更为谨慎的态度,承认它价值的有限性,并对"类似的推定"中的解决办法的相似性开始表示些许怀疑;[③]在法系划分上,他也对《比较法总论》做了一些修改:这部著作的前两版都把西方以外的法系统统归入"其他法系"一编,而第三版对这些法系的处理上,不但把宗教、社会习惯等文化传统因素考虑进去,而且在编排体例上也淡化了西方中心主义的色彩。

无论如何,后现代主义者的批判从总体上给比较法这门学科注入了一针

---

① Günter Frankenberg, "Stranger than Paradise: Identity & Politics in Comparative Law", in: *Utah Law Review* (1997), pp. 265 – 266.
② Mathias Reimann, "The Progress and Failure of Comparative Law in the Second Half of the Twentieth Century", in: *The American Journal of Comparative Law* (2002), vol. 50, pp. 677 – 678.
③ Mathias Reimann, "The Progress and Failure of Comparative Law in the Second Half of the Twentieth Century", in: *The American Journal of Comparative Law* (2002), vol. 50, p. 683.

虽然不协调但却健康的药剂，它刺激人们对已经根深蒂固的传统比较法的假设前提、方法和实践进行反思，并去探索新的研究方向。因此，有理由认为它是比较法学界最近取得的新发展。

第三节　德国比较法新方向的开创——"文化比较"

既然坚信法律是一种文化现象，知识和理解受种种结构的制约，后现代主义者在对传统比较法展开批判之后，也就自然而然地试图将比较法研究导向一个新的方向。这个新方向着力于探寻潜藏在法律文本背后的目的、意义和主题思想。简言之，就是要揭示这些法律文本各自的结构。比较法的研究焦点也就由法律比较转向比较研究对象自身的历史、认识论和政治学等。[1]

这种新的研究方法被称为"文化比较"。[2] 它具有两个鲜明的特点：其一，它强调从内在参与者的立场理解外域法律文化，认为只有这样，才能把握隐藏在外域法律体系背后的法律思想，才能真正理解这种法律体系。其二，它注重不同法律体系的文化差异，要求比较法学者不要为法律体系之间表面上的类似所迷惑，更不能随意抹杀不同法律体系的深刻差异。

文化比较成为当前西方比较法学界的新潮流，引领这一潮流的是美国。[3] 然而德国学者在这一领域也有非凡的表现，弗兰肯伯格和格罗斯菲尔德即是其中的佼佼者。他们的学术研究不仅开创了德国比较法的新方向，而且也代表着世界比较法的最新进展。

---

[1] Anne Peters, Heiner Schwenke, "Comparative Law Beyond Post-Modernist", in: *International and Comparative Law Quarterly* (2000), vol. 49, p. 812.

[2] 参见黄文艺：《论当代西方比较法学的发展》，载《比较法研究》2002年第1期。

[3] 美国学者在这一潮流中的领导地位具体体现在他们主持召开的两次比较法学会议上——1996年10月，一些受批判法学强烈影响的比较法学者在犹他大学举行专题讨论会，随后在《犹他法律评论》(1997)上发表了一期题为"比较法的新方法"的专刊，这批学者被称为"犹他学派"。另一较为温和的学术团体则于1996年9月先在密歇根大学，一年后又在哈斯廷斯大学召开学术年会，讨论比较法研究问题，其后在《美国比较法杂志》(1998)上也刊登了名为"比较法的新方向"的系列专题论文。

第五章 20世纪末德国比较法学的新发展

一、弗兰肯伯格的"批判性比较"

尽管后现代主义者对传统比较法的批判表明,在比较中没有任何中立的参照,比较法学者无论动机如何,都毫无例外地并毫无希望地被认知控制的种族中心主义机制所束缚。而且因为任何法律体系都是独特的,也不可能从中抽象出"更好的解决办法"。如此推导出来的结果必然是放弃法律比较。

然而,德国比较法学家弗兰肯伯格认为,放弃比较法研究将是固守错误,因为这样就等于把历史传统和现实条件凝固到一个永恒的模式中去。为此,在《批判性比较:重新思考比较法》(1985)一文中,他主张一种"批判性比较方法",这种方法"确认比较者个人见解是比较法研究中的一个核心的和决定性的因素",[①]要求比较者对自身的法律与外国法律间的关系有更为敏锐的感觉,而不只是具备复杂细致的知识。

弗兰肯伯格提出,比较法学者不应无休止地追求一种中立的姿态和客观的形象,而必须意识到他们是参与型的观察者,因而他们的研究必须是自我反省和自我批判的。批判性比较不应事先对法律的必要性、功能和普遍性提出假设,而要对法律中心论,对宗教操纵、弥漫着宗教气息的法律教育和实践质疑;批判性比较不是"直接获得"法律的历史和差异,而必须要求对含混予以严格的分析,同时又要容忍含混。

具体地说,弗兰肯伯格的批判性比较着重强调以下三个方面。

1. 从种族中心论到自我批判

弗兰肯伯格认为,观察视角不只是依赖一种所谓"正确"的伦理、态度或是推理就能得以矫正的认知或情感上的缺陷或倾向,它是每个人的学习史中一个内在的方面。因此,比较法学者的研究中必然充斥着来自他们本国法律文化与经验的概念、价值和观念。

然而,弗兰肯伯格坚信:"只要我们始终意识到我们是一种文化的参与者和其他文化的观察者,我们就能够超越自身特定的视角,学习、理解和体验那

[①] [德]根特·弗兰肯伯格:《批判性比较:重新思考比较法》,贺卫方、王文娟译,载梁治平主编:《法律的文化解释》(增订本),生活·读书·新知三联书店1998年版,第172页。

些被我们看作是陌生的、外国的、奇异的事物。"①

为此,他提出,比较必须是自我反省的。比较法学者应当把自己看成是法律的主体和法律的主题,应当意识到自己是被卷入到了一个不断发展的、由法律组成并受法律支配的特定的社会实践,一个既定的法律传统(或某一特定的法律史),一种思考和探讨法律的定式,而不要摆出一副中立、客观、公平的观察者的样子。

他确信,一旦比较法学者们准备去承认主观性和视角的地位,他们就能从客观主义中解脱出来,并超越相对性和普遍性的二分法,走向知识和理性的实践论模式的批判。由于这种批判,人们可以对自己的语言和文化进行再思考,这种语言和文化是束缚,同时也是机会;是隔着一段距离把新的光芒洒向外国文化的机会。他认为,这虽然不能保证对于陌生的和新的事物不会产生误解,但这样会使误解变得具有创造性和启发性。

2. 从法律中心论到对法律的批判

为获得自由,弗兰肯伯格提出,比较法研究还应克服比较法学者以及非比较法学者论说中普遍存在着的法律中心论。

弗兰肯伯格解释道,所谓法律中心论,是指这样的观点,即"认为法律是既定的、必然的存在,是通向理想的、理性的和圆满的冲突解决方法,并最终走向确保和平与和谐的社会秩序的必由之路"②。

弗兰肯伯格一针见血地指出,与法律中心论相反,历史和现实都证明,法律并非亘古不易,它处在不断的变化之中,解决社会冲突的途径多种多样,更为重要的是很少存在或根本没有我们所熟知的那种类型法律的社会,也并没有任何发挥着作用的绝对正确、优越、独一无二的法律技术和需要。因此,学者应对任何法律体系的客观理性和霸权地位质疑。

弗兰肯伯格认为,要避免陷入法律中心论,比较法学者必须首先超越社会学的朴素见解,诸如法律与其环境相互依存之类,然后尝试一点现实主义,最

---

① [德]根特·弗兰肯伯格:《批判性比较:重新思考比较法》,贺卫方、王文娟译,载梁治平主编:《法律的文化解释》(增订本),生活·读书·新知三联书店1998年版,第208页。
② [德]根特·弗兰肯伯格:《批判性比较:重新思考比较法》,贺卫方、王文娟译,载梁治平主编:《法律的文化解释》(增订本),生活·读书·新知三联书店1998年版,第210页。

第五章 20世纪末德国比较法学的新发展

后走向批判法律理论。这意味着不再把法律概念化为一种对于建立在自然与文化、社会与法律之间的对立基础上的现实的补充;法律制度、技术和规则也不仅仅是调整和统治先前的社会或无规则的自然状态的文化现象;同样,使法律游离于和对立于现实与社会也是一种误导。弗兰肯伯格指出,法律也同样构造社会生活。一些秩序的形式总是并且已经构造了自然、现实和社会,虽然只在一些不同的、不确定的时候,秩序所构成的事物才被称为"法律"。

一旦放弃了上述这些对立性区别,法律便能够被视为一种不确定的现象,制度、技术和程序只代表了法律的一个侧面。在这种情势下比较研究的意义在于,它能够防止人们完全被法律所迷惑,并为获得距离提供了更好的机会——距离的获得要求不把任何东西视为理所当然,尤其是不把法律的形式和理性视为理所当然;它也为揭示法律缺陷、矛盾、意识构成以及不同观点提供了更好的机会。

3. 从真理到模糊

以法国哲学家米歇尔·福柯(Michel Foucault,1926—1984)等人的后现代主义理论为基础,弗兰肯伯格提出,对比较研究进行重新构想需要一种根本不同的历史观,持续的形式和统一的概念必须宣告中止。这意味着通过历史到达自然、普遍或理想的发展过程不再有捷径;与此相反,混乱与异质性、失败的斗争以及文化边界上的偶发事件都会出现。

弗兰肯伯格指出,一旦比较法学者稍稍意识到他们研究中表现出来的以己度史(以今日的观点期待过去)和霸权特征(将本国的视角强加到外国事物上),他们便会发现以良好的意识从事其真理的论述是极其艰难的;而各种各样的真理观(它们都声称具有关于自然的、理性的或进化的规律的普遍性)也否定了认为存在着一种可以在法律文化和法律制度的历史上加以验证的普遍真理的观念。由此,比较法学者应当对各种真理心存警戒,鼓起新的热情去对作为一种无所不在的和含义模糊的现象的法律加以分析,并将注意力集中在主流论说放弃、忽略和排斥的事物上。

弗兰肯伯格认为,既然法律的发展中不存在一种普遍的真理和普遍的道路,那么我们便不会只有一种可靠的历史解释,我们可以寻找多样化的发展可能与解释。他提议,为防止各种严密的定义把法律仅仅置于条文、制度或诉讼

德国比较法学研究：历史与方法论

之中，人们必须具备这样的观念，即法律是无所不在的、不确定的和可以做多种解释的现象，必须在所有的地方——条文、制度、诉讼观念以及幻想中去探寻它。

这样，批判性比较将不再把法律视为仅仅是解决社会问题的技术性方法，或是历史的自然产物；相反，每一项规则、每一项原则或每一个案例，都必须被看成是各种不同的社会过程的交点，批判性的历史分析和阐释必须探索相交的每一条道路，把每一个事件

> 放在各种可能的发展道路上，而非放在一条道路上。事实上，被选择的道路之所以被选择并非因为不得不作这样的选择，而是因为（在相关的地方）意欲选择别的发展道路的人们力量薄弱以及在斗争中败北，同时也（部分地）因为胜利者和失败者都享有共同的意识，这种意识确定了他们共同的生活日程，它突出了一些可能性，而将其他可能性完全抑制住了。①

为了能够设想出那些未被选择的发展道路，思考、揭示那些与现实相反的发展轨道，弗兰肯伯格要求比较法研究为人们提供一些信息，包括其他社会处理如何创造良好、公正社会秩序问题的经验，相同或不同社会在其他领域内的惯常做法，未被选择的发展途径，政治斗争中受到挫折的愿望，等等。这样的比较法研究有助于从下层以及从现在到过去地撰写历史；同时它将使学者们从自己的各种真理和秩序的习惯缠绕中、从关于社会-文化发展的西方主导过程的概念中摆脱出来。

弗兰肯伯格之所以提出"批判性比较"的理论，是因为"当前德国的比较法研究过于彻底地巩固了国内现实中关于正当性的解释，而排斥甚至抹杀了那些'原始的''无关的'其他解释"；而他认为那些看似陌生、边缘性或者极端的事物中，有许多东西可供人们学习。通过这一方法论，他力图表明，"无论我们

---

① ［德］根特·弗兰肯伯格：《批判性比较：重新思考比较法》，贺卫方、王文娟译，载梁治平主编：《法律的文化解释》（增订本），生活·读书·新知三联书店1998年版，第222页。

比较的范例以及所指的中立参照是什么,我们都应脱离我们所认可的标准去看待、比较和判断世界"。①

与传统比较法雄心勃勃的追求目标相比,弗兰肯伯格的"批判性比较"的目的更为谦卑,也更为纯粹。他意图使比较法研究变成一种学习经验,以"重新估价我们法律世界的既有物,重新构想我们的各种可能性和我们的自由"②。

二、格罗斯菲尔德的跨学科研究

格罗斯菲尔德是一位颇具影响力的德国比较法学家,最近十几年来他一直活跃于世界比较法学界。他的研究路径与上述弗兰肯伯格所提倡的相比,并没有本质上的区别。但他们二人各有自己的研究特色:弗兰肯伯格重在批判,着力于比较法方法论的重构;而格罗斯菲尔德重在建设,试图从实践上开创比较法研究的新方向。

后现代主义者竭力主张,比较法学者若想对某一法律体系进行富有成效的研究,就必须考察这个法律体系背后的历史、文化、政治、语言和社会学等因素的作用,因此,比较法分析也要进一步将其跨学科的研究范围扩展到诸如人类学、地理学和认知科学等领域。③ 近十几年来,格罗斯菲尔德出版和发表的一系列比较法论著,如《比较法:地理和法律》(1984)、《比较法的力量和弱点》(1984)、《法律中的符号和数字:法律史和比较法中的数字》(1995)、《比较法的本质问题》(1996)、《语言、文字和法律》(1997)、《作为理解方法的比较法》(2000)、《全球性分析:因特网何处面对地理》(2000)、《信息公司法:比较法符号论与比较法符号逻辑的对比》(2001)、《比较法中的秩序模式:无形力量的揭示和解码》(2003)等,不仅形成和发展了他关于比较法的这一理论,而且还将它运用于研究实践中。

与传统比较法学者相比,格罗斯菲尔德的跨学科研究并不拘泥于某一个

---

① [德]根特·弗兰肯伯格:《批判性比较:重新思考比较法》,贺卫方、王文娟译,载梁治平主编:《法律的文化解释》(增订本),生活·读书·新知三联书店1998年版,第223页。
② [德]根特·弗兰肯伯格:《批判性比较:重新思考比较法》,贺卫方、王文娟译,载梁治平主编:《法律的文化解释》(增订本),生活·读书·新知三联书店1998年版,第206、223页。
③ Vivian G. Curran, "Book Reviews: Kernfragen der Rechtsvergleichung. By Bernhard Großfeld", in: *The American Journal of Comparative Law* (1999), vol. 47, p. 535.

或某几个领域,而几乎是无所不包,他广泛涉及地理、时间和空间、绘画、诗歌、神学、人类学、语言学、认知心理学、哲学、历史、文学,甚至数字理论等。在研究中,他常常把大量不相容的观点一一陈述,而拒绝将它们进行综合处理,留下这些未经消化的材料给读者,以激发其接受力和想象力。

以下仅从三个方面简要介绍他的比较法理论。

1. 文化与法律

格罗斯菲尔德认为,一种文化的法律源自某一民族之物质和精神生活。[①]对于比较法来说,如果人们想摆脱文本主义的迷惑,从而能更好地认识外国法律信息的原动力,就必须从调查文化的基本要素入手。[②]

格罗斯菲尔德进一步解释说,任何社会的秩序模式都主要是这一社会内在作用力的产物,这些作用力包括地理、历史、传统、宗教、符号系统以及其他大量影响法律的现象。法律与这些现象相互作用并塑造文化;文化因素反过来也塑造着法律。在它们的相互作用中,这些现象创造和推动着法律的生命,并供给其活力,指引其方向。因此,只有将法律作为文化背景的一部分才能对它进行理解。而若要达到比较法的目的,了解外国法的社会、政治和文化背景并理解其规则的有机性质对比较法学者而言至关重要。同时,各种文化因素的范围之广以及关系之复杂的确使理解任何法律体系,即使部分地,都极为困难。

格罗斯菲尔德以美国为例来说明这一点。人们通常都把美国和英国的法律归为同一个类别——"普通法",但格罗斯菲尔德对此却不以为然,他认为英国法与欧洲大陆的法律更为相似,而与美国法的关系则并非人们想象的那么近。以日常生活中的一些语汇为例进行说明。他认为美国文化区别于英国的最大特点在于它的夸张性。在生活中和在法律中一样,同样的词语在英国和在美国可能有不同的含义。美国的表达方式比之英国的在一定程度上几乎总是要夸张一些。在美国人可能要说到"我最最好的朋友""我最好的朋友""我

---

① [德]伯恩哈德·格罗斯菲尔德:《比较法的力量和弱点》,孙世彦、姚建宗译,清华大学出版社2002年版,第69页。

② Bernhard Grossfeld, "Patterns of Order in Comparative Law: Discovering and Decoding Invisible Powers", in: *Texas International Law Journal* (2003), vol. 38, p. 295.

第五章　20世纪末德国比较法学的新发展

的朋友"的地方,英国人会说"我的好朋友""我的朋友""我认识的某个人"。美国各法学院授予的"法学博士(J. D.)"学位,只相当于其他国家的"法学士"。同样,在英国和德国销售的小汽车"奥迪100"到美国销售时就被更名为"奥迪5000"。美国的法令、契约和法学评论文章都倾向于比其他国家的更长。①

对于非西方文化,情况更为复杂。以日本为例,那儿不仅法律,甚至对词语含义的解释都与西方截然不同。按照格罗斯菲尔德所说,同样是"法律就是法律"(The law is law)这句话,在德国人和在日本人听来,意义却根本不同。对于德国人,它意味着法律必须遵守;对于日本人,则意味着应当寻求合情合理的解决途径,而避免诉诸法律。

以上例子说明,只有对外域文化具有敏锐的观察力和长期的经验才能打破表达的藩篱,并且认识到所使用的词语的真正意思是什么。

格罗斯菲尔德强调文化对法律和社会所产生的深远影响,不管这种影响被自觉地意识到,还是被视为理所当然而被忽略。在这一点上,他赞同萨维尼的法律理论,认为"每种文化都是一个整体,通过它的所有构成部分来表现自己,以其内在的精神完善自己。法律(和它的每一项制度)自身都包含着它所生地的这种精神"②。

2. 地理和法律

格罗斯菲尔德认为,一个国家的文化与法律和该国的地形一样,依赖于它的地理。③ 但是只要法律仍然只被当作表达抽象内容的文本,地理就不会轻易进入人们的思考范围;然而一旦学者将法律进行比较,并越过本国的界限,他会马上发现这个问题——地理或自然环境的变化导致法律之间的差异。

格罗斯菲尔德以英国法为例来证明这个观点。谈及英国法如何以及为什么如此独特时,格罗斯菲尔德引用了这样一句话:"你一定不能忘记——这里永远有一道海峡!"作为岛国,英国一直有英吉利海峡作为屏障,这道海峡帮助

---

① [德]伯恩哈德·格罗斯菲尔德:《比较法的力量和弱点》,孙世彦、姚建宗译,清华大学出版社2002年版,第88—90页。
② Vivian G. Curran, "Book Reviews: Kernfragen der Rechtsvergleichung. By Bernhard Großfeld", in: *The American Journal of Comparative Law* (1999), vol. 47, p. 537.
③ [德]伯恩哈德·格罗斯菲尔德:《比较法的力量和弱点》,孙世彦、姚建宗译,清华大学出版社2002年版,第120—121页。

97

英国阻挡了大陆法的影响,保护了普通法的生成。它曾使欧洲大陆移民者带来的罗马法和教会法极难发挥作用,无论它们是罗马军团带来的,还是诺曼征服者带来的。当罗马和教会的影响抵达英国时,它们都遭到了盎格鲁、萨克森、丹麦以及其他部落习惯法的抵抗。这些习惯法早在英国根深蒂固,并于后来逐渐演变为普通法。英吉利海峡在当时交通和通信手段都非常落后的情况下,从根本上隔绝英国,给予它大约900年的相对和平时期形成统一社会,使它得以运用未表达出来的判断力而非成文法来维持社会秩序。

因此,尽管在中世纪有罗马法和欧洲共同法的影响,英国法仍然以岛国性和中央化为其显著特征,明显地区别于欧洲其他国家。

格罗斯菲尔德还以水法、严格责任、"围栏问题"等为例说明地理在法律中的力量。①

近年来,因特网等新生事物的出现偏离了传统的地理概念,也在一定程度上冲击着人们的法律观。法律体系为了适应新时空概念的需要,而对其一些结构如管辖权、反托拉斯、契约等做出调整。格罗斯菲尔德认为,虚拟空间为正常空间提供了选择的自由,它们也给研究法律与地理的关系增添了新的内容。②

他总结说,地理是推动法律之路的一种原始力量,地理是命运——不仅是一个国家的命运,而且也是其文化和法律的命运。它创造法律,也确定考察法律的视角。传统上,地理确定最高领土权,由此,它有意或无意地指导着主权者法律的解释与实施的每一个步骤。人们的法律观事实上是受地域控制的,人们的智慧也是基于地方的。③

总之,在法律分析中,地理的作用不容忽视。

3. 语言与法律

格罗斯菲尔德认为:法律与语言关系密切,语言表达我们社会的因而也

---

① Bernhard Grossfeld, "Comparative Law: Geography and Law", in: *Michigan Law Review* (1984), vol. 82, pp. 1514—1519. 同时参见[德]伯恩哈德·格罗斯菲尔德:《比较法的力量和弱点》,孙世彦、姚建宗译,清华大学出版社2002年版,第12章。

② Bernhard Grossfeld, "Global Accounting: Where Internet Meets Geography", in: *The American Journal of Comparative Law* (2000), vol. 48, pp. 263-264.

③ Bernhard Grossfeld, "Patterns of Order in Comparative Law: Discovering and Decoding Invisible Powers", in: *Texas International Law Journal* (2003), vol. 38, p. 303.

是法律的目标、意义和价值,它是法律得以制定、传递和赋予意义的媒介。语言因此描绘文化,表现法律。通过语言我们也表达我们的世界观。语言反映我们生活的点点滴滴。语言和法律一样都是一个国家或地域的文化的组成部分。①

语言对法律的影响也是决定性的,这种影响可以是具体的——作为文化的手段,语言统治的区域同时也决定了某种法律统治的区域。例如,英语作为英国殖民地的遗产成为美国的官方语言,它的普遍使用无疑是普通法被美国继受的主要原因之一。事实上,普通法区域在很大程度上等同于英语区域:加拿大、澳大利亚、新西兰、印度等国的大部分地区的主要语言是英语,这些国家同时也都属于普通法系。法语坚守在路易斯安那,因为它曾经是法国的殖民地,如同加拿大的魁北克。同理,由于语言的决定性作用,这些法语区也继受了《法国民法典》。

在德国历史上,为了便利拉丁语在法院和政府部门的应用,官方曾命令各大学研究拉丁语,这为罗马法的权威在德国的确立奠定了重要的基础,德国后来对罗马法的全盘继受在很大程度上归因于此。

语言对法律的影响也可以是无形的。语言决定人们的世界观,不同的语言形式决定着不同的世界观。格罗斯菲尔德以中西各自的思维模式分别与象形文字和字母文字的联系为例对此加以说明。

西方人追求精确和必然,这说明他们的基本文化趋向是以分析的、几何的方法对待世界;这种方法决定于数学-代数结构的字母,正是它巧妙地影响着西方人的思维。因为西方语言的字母是一种字母-数字系统,西方文字就是一个经久不变的数学模式思维训练。数字的熏陶使西方人倾向于依靠逻辑、精确和抽象来治理世界。

汉语与西方文字相反,它不是由字母组成的,而是由符号、象征和图形组成。象形文字产生出一种更直觉、综合的对待世界的方法。字母文字促进抽象思维,象形文字缺乏此功能。

---

① Bernhard Grossfeld, "Patterns of Order in Comparative Law: Discovering and Decoding Invisible Powers", in: *Texas International Law Journal* (2003), vol. 38, p. 304.

格罗斯菲尔德指出,如果进行深入的考察,就会发现语言表达的内容就是文化本身。语言的根源是组成文化的思想、经验、情感、习惯、历史、规范、传统等,这是文化的一个共同特性。语言以此为背景起作用,如同软件的运转要依靠硬件。因此,若要真正理解语言,就必须理解文化的共同特性。

作为文化的本土人,理解它相当自然和敏锐。但是作为外来者,一系列或明确或含糊的普通文化经验则几乎是无法了解的。在一个特定的社会中,共同的文化特性是无形的力量。语言因而有可能成为我们认识的障碍。例如,西方人对清晰和精确的追求本身成为他们观察世界的棱镜,这个棱镜有助于描述世界的知识,但也同时蒙蔽人们的视野。它通过人们对逻辑的信任,把那些理性之外的、无形的或无秩序的和不易精确理解的经验现象挡在外面。由此,它也约束了人们的认识。

因此,语言呈现出的困境,远远超出人们的预期。

除了以上几点外,格罗斯菲尔德还详细研究了宗教、表达符号、数字、时间与空间、解释、翻译等因素与法律的关系。限于篇幅,本书不再具体介绍。

总之,格罗斯菲尔德通过列举无数的实例,试图说明比较分析要克服的障碍所在,也试图证明他的比较法理论:越能充分地预想法律,从文化内在的视角来观察法律,就越能充分地了解法律的复杂性,它与文化之间多姿多彩的相互作用,以及它在社会生活中所扮演的角色。只有这样,比较法学者才能培养起对秩序的新意识,才能合格地成为社会的委托人,将技术专长和文化认识结合在一起,才能充满希望地在新信息时代为其他文化架起相互沟通的桥梁。比较法学者应该学着通过梦想法律,来更好地理解其他文化生活的梦想。①

除了弗兰肯伯格和格罗斯菲尔德,其他德国学者也提出了一些类似的比较法研究的新方法,例如,派特斯和斯彻温克提出一种所谓的"后后现代主义方法(post-post-modernist approach)"。这种方法主张保留后现代主义批判的积极动力,而舍弃其比较法中客观性不能得到的观点,建议通过相互批判和文化间的分工合作获得客观性,并将跨学科和不同文化间的解释学的新旧要求

---

① Bernhard Grossfeld, "Patterns of Order in Comparative Law: Discovering and Decoding Invisible Powers", in: *Texas International Law Journal* (2003), vol. 38, p. 305.

第五章　20世纪末德国比较法学的新发展

结合在一起。①

后现代主义者对传统比较法的批判,以及对研究新方向的开拓,具体代表了德国比较法的新发展。应该指出的是,这些新发展固然可贵,却在目前的比较法学界位卑言轻。欧洲一体化的大环境吸引着许多学者都把热情倾注到发展欧洲共同私法上,这使他们对文化差异问题无暇顾及,也缺乏兴趣。② 因此,后现代主义者对传统比较法的批判还远远未在整体上形成一股明显可见的冲击力;同时,对比较法新方向进行探讨的学者更是屈指可数。笔者列举式地简要介绍这类学者,一方面意在关注和描绘这些新发展,另一方面也说明这几个学者实际上是身处主流思潮之外的"另类",他们所能起到的作用还十分有限。

---

① Anne Peters, Heiner Schwenke, "Comparative Law Beyond Post-Modernist", in: *International and Comparative Law Quarterly* (2000), vol. 49, pp. 829 – 834.
② James Q. Whitman, "The Neo-Romantic Turn", in: Pierre Legrand, Roderick Munday (eds.), *Camparative Legal Studies: Traditions and Transitions* (2003), Cambridge University Press, pp. 313 – 314.

第六章　西方比较法学中的
功能主义

　　功能主义在比较法学科中是一种人人耳熟能详,然而却未予深究的研究方法。[①]它出现于20世纪20年代初,距今有100年历史。其间,它发展为比较法的正统研究范式,成为主流比较法的标志。在众多支持者看来,它是比较法最成功,甚至也是唯一有效的研究方法;正是凭借它,现代比较法学才取得了长足进展,它因此被誉为"比较法献给20世纪法律科学的最重要的礼物"。[②]反对者则视其为"祸害",认为它集中体现了主流比较法所有坏的方面,[③]并于20世纪末开展了一场试图颠覆正统的方法论革新,功能主义因此遭到挑战。

　　下文对功能主义比较法近百年的历史进行分析性和解说性回顾,意图追本溯源地勾勒出其发展脉络和规律。本书的论点是,在功能主义的理想与现实(或理论与实践)之间始终存在着一种紧张关系,这种紧张关系反映了比较法作为应用科学与作为纯粹科学之间的永恒冲突,主流比较法的几乎所有重

---

　　① 英语文献有多个用语表述该方法:功能主义(functionalism)、功能方法(functional method)、功能主义方法(functionalist method)、功能主义方法论(functionalism's methodology)、功能比较法(functional comparative law)、功能主义比较法(functionalism in comparative law)等。
　　② Mary A. Glendon, et al., *Comparative Legal Traditions* (1999), 2nd ed., West Group, p. 9.
　　③ Ralf Michaels, "The Functional Method of Comparative Law", in: Mathias Reimann, Reinhard Zimmermann (eds.), *The Oxford Handbook of Comparative Law* (2006), Oxford University Press, p. 340.

大的问题都直接或间接地涉及这个命题。尽管功能主义因此遭到激烈批判，但是其强大的实践性力量表明，它的生命力并没有衰竭。

第一节　功能主义的出现

一、背景

功能主义由德国比较法和国际私法学家拉贝尔率先提出，目的是克服此前形式主义比较法的不足。该方法的提出与当时的社会环境和拉贝尔的个人经验密切相关。这一点对于理解功能主义至关重要。

当时，比较法由于深受法律实证主义和概念法学的影响，把不同国家的正式的规则、制度和程序即"书面上的法律"作为研究对象。在法律实践中，德国法学家曾在19世纪最后20年专心致志于准备《德国民法典》的制定，又在此后15年对他们一手缔造的民法典进行彻底的检查和研究，这进一步强化了他们根深蒂固的以法律文本为中心的思考习惯。然而，这种拘泥于法律外在形式的方法无法满足新的社会条件，迫使人们探寻一种较为有效的替代品。

这时期，利益法学、自由法学、法律社会学和法律现实主义以各种形式对概念法学和法律实证主义展开批判，粉碎了各国建立的概念体系、高度精密的学说和教条结构，为人们对法律的认识提供了新思路。这些学派虽然各有自己的主张，但在一点上取得了共识，即法律科学的对象并不是概念的法律结构，而是这些法律结构应当解决的生活问题；法是"社会工程"，法律科学是社会科学。这些新认识已经含有从功能角度来理解法律的意味，为比较法提供了思想和方法的理论基础。

学术大气候则为新方法的出现提供了核心概念。19世纪晚期以后，功能主义渗透了所有的社会科学，几乎每一门学科都先后发生了一场脱离本质主义和形式主义、从考察对象本身到考察它们相互间的关系和整体的"功能主义转向"，"功能"成为20世纪最流行的概念。在此背景下，拉贝尔以"功能"命名自己的方法也就不足为奇了。

德国比较法学研究：历史与方法论

二、新方法的提出

第一次世界大战后的局势给比较法带来了突飞猛进的发展机遇，为其方法论更新创造了契机。契机具体来自《凡尔赛条约》的签订，条约第10条涉及各参战国公民之间战前私法关系的清理问题。1921—1927年，拉贝尔代表德国利益出任仲裁员，与其他外国专家一起组成"混合仲裁庭"，依据《凡尔赛条约》的规定审理德国人与其他国民之间的民事争议。在这个过程中，他发现抱着德国的法学概念去解释《凡尔赛条约》根本行不通，因为条约的立法方法和概念组成、解释的背景和法律风格都借自各战胜国，特别是英、法的制度和法律观念。这种状况促使他运用比较法来理解条约，也激发他对比较方法进行深入思考。1924年，拉贝尔发表了题为"比较法的目标和任务"的演讲，其被称为"现代比较法的基础文本"的演讲，包含了功能方法的核心要素，通常被视为该方法的诞生标志。[①]

此后，拉贝尔还在国际常设法院几个著名的案件中担任特别法官，并广泛参与国际统一法事业。他是国际联盟设在罗马的国际统一私法协会的一名积极的成员，受国联委托为拟议的统一国际货物买卖法准备起草工作。这项任务引导他系统地考察几个贸易大国的相关法律，为日后统一货物买卖法的出台奠定了基础，他由此被恰如其分地称为"统一国际货物买卖法之父"。[②] 这些丰富的国际经验促进了他的方法论见解。他于1937年总结说："我们比较的不是(法律的)固定的资料和孤立的条文，而是把一个国家为了解决一个具体的实际问题而产生的解决办法，与另一个国家针对相同的实际问题而产生的解决办法进行比较；然后，我们要追问这些解决办法为什么会产生，以及它们有哪些成功之处。"[③]后来，他把"(法律)规范的社会目的以及(法律)概念对这

[①] Ingeborg Schwenzer, "Development of Comparative Law in Germany, Switzerland, and Austria", in: Mathias Reimann, Reinhard Zimmermann (eds.), *The Oxford Handbook of Comparative Law* (2006), Oxford University Press, p. 78.

[②] ［德］彼得·施莱希特里姆：《〈联合国国际货物销售合同公约〉评释》，李慧妮编译，北京大学出版社2006年版，第2页。

[③] David J. Gerber, "Sculpting the Agenda of Comparative Law: Ernst Rabel and the Facade of Language", in: Annelise Riles (ed.), *Rethinking the Masters of Comparative Law* (2001), Hart Publishing, p. 199.

种社会目的的作用",称为每一项比较的"公分母",并认为这种新方法"可以恰当地称为功能方法"。① 这是一种全新的系统思考比较法的方法,在其简单的外表下蕴藏着丰富的含义。为了从源头上厘清功能主义,有必要做进一步的分析。

三、方法论的来源

拉贝尔的方法论灵感来源于他在国际私法尤其是冲突法领域中的实践。当时,识别问题在冲突法领域变得日益尖锐,并在20世纪头10年间引起巨大的学术关注。而他作为"混合仲裁庭"的仲裁员和国际常任法院的特别法官,迫切需要找到一种有效的办法,帮助他识别适用于特定实际情形的相关规范和原则。功能方法就是作为对该问题的回应而首先出现的。

识别问题起因于建立在"范围"和"连接因素"基础上的冲突法结构。冲突规范(如"不动产继承依不动产所在地法")不是可以直接适用的实体规范,而是一种指定某种法律关系应适用哪一国法律的规范。如果这些规范按照法院所在地的国内法进行解释,就不大可能实现冲突规范的统一适用,即便相同的冲突规范在各个国家都具有效力。因为各个司法区会对构成冲突规范的概念进行不同的解释,相同事实的识别就会随之发生变化。因此,一国的侵权行为会变成另一国的合同行为,这里的继承关系会变成那里的婚姻财产关系,等等。当案件判决涉及识别问题时,法律分类的不一致就变得异常突出。这个现象激发拉贝尔深入思考——冲突规范究竟要识别什么东西?

拉贝尔发现,冲突规范必须"直接依据生活事实,而不是法律上表述的、抽象的主题"来适用。② 他认为,识别问题可以通过如下途径解决:透过冲突规范的术语,把产生法律事实的生活事实识别出来。冲突规范虽然由法律语言构成,但它们表示的却是社会关系。由于缺乏一种通用的世界性语言,各个法

---

① Anne Peters, Heiner Schwenke, "Comparative Law Beyond Post-Modernist", in: *International and Comparative Law Quarterly* (2000), vol. 49, p. 808.
② Michele Graziadei, "The Functionlist Heritage", in: Pierre Legrand, Roderick Munday (eds.), *Comparative Legal Studies: Traditions and Transitions* (2003), Cambridge University Press, p. 104.

域的立法者和法官不得不使用国内法上的法律分类来构造冲突规范。然而，法律概念本身并不具有可以独立于其目的的绝对性质。在拉贝尔看来，冲突法和其他法律领域都不存在"概念的天国"——这是形式主义者过分关注抽象的法律概念、全盘脱离其实际效果所导致的结果，比较法也不例外。这样，从旨在解决识别问题的方法中诞生了功能主义比较法。

拉贝尔参与的许多统一法事业也激励他收集大量特定国家处理相关具体问题的信息，而后制作出能把相关法律体系的所有解决办法都包括进去的统一法语言。拉贝尔认为，如果撇开每一个法律体系特定的法律结构和特征，而把注意力完全指向法律的实践结果，那么就会从比较中自然地产生出一个共同的或最好的解决办法。功能方法也特别适合于这种事业。总之，拉贝尔的方法从一开始就是有意设计来服务于他的国际私法实践的。功能主义的力量和弱点都能从它与国际私法的这种血缘关系中找到根源。

四、方法论的核心要素

可以用两个关键词来概括拉贝尔方法论的核心要素——功能和语境。它们涉及任何一种比较方法都要解决的两个基本问题：一是比较什么，或者什么东西是可以比较的？换言之，确定法律中的哪些因素具有可比性是比较方法的关键所在，因为"人们不能够对不可能比较的事物做出有意义的比较"[①]。二是如何进行比较？"功能"回应的是第一个问题，"语境"回应的则是第二个问题。

1."功能"针对的是可比性问题

拉贝尔指出，每一个体系都以特定的方式处理具体问题，因此分析的起点应该是社会问题本身；只有通过参考法律语言所涉及的基础社会问题，才可能获得有意义的比较。这是他最大的洞见，是他首创的方法论的精髓。其本质是，强调"揭开语言的面纱"，长驱直入到法律概念的背后，聚焦于具体的现实。这个要求来源于他对地方性法律概念的不信任，这是功能主义的动因和

---

① ［德］K·茨威格特、H·克茨：《比较法总论》，潘汉典等译，法律出版社2003年版，第46页。

核心特征。[1]

他认为,全世界的法律专家都使用极为不同的法律概念来表述事实、指示法律后果,这些概念是偶然的和工具性的,它们不应该成为比较分析的对象,因为关于外国法律体系的信息只有放在具体的语境中才是唯一有价值的,对它表述的规范进行纯粹的概念和语义分析本身没有多少意义。单独来看,正式的语言并不解释一个外国法律制度事实上如何解决问题,因而围绕法律的规范和原则(即"书面上的法律")来安排分析,很容易掩盖而不是阐明法院和其他法律职业者如何解释和适用这些规范和原则(即"行动中的法律")。换言之,缺少法律实践的信息只是"一副没有血肉的骨架"[2]。所以,要通过考察规范和原则如何关联于具体的实际情形,来获得外国法律体系的相关信息。总之,有价值的比较针对的是规范的实际用途和适用情况,这就是比较法意义上的"功能"。

拉贝尔由此超越了形式主义比较法,把方法论的关注焦点从法律体系的规范和原则的正式语言,转向这些规范和原则所关联的具体的事实,也就是它们实际上发挥的社会功能。这是他认为真正具有可比性的因素,可用来充当"比较的第三项"。通俗的说法是"比较的标准"或"中立的参照物",即为比较研究构建的一个外部的、客观的立场或者概念性框架。这个机制使有意义的比较成为可能。其力量在于,它产生了一个"还原效果"——把原来各国分别以地方性概念和分类包装而成的法律体系还原为生活事实,使原本看来毫无关联因而不可相互比较的法律存在,变成具有共同性从而可以相互比较的事实存在。它还产生了一个"离间效果",使比较法学者摆脱地方性法律观点,即那些致力于一个法律秩序的"内部生活"的人所持的观点,来构造一个比较框

---

[1] 相似情况也发生在其他学科领域。例如,同时期,人类学功能学派的创始人马林诺夫斯基,经过与土著居民一起生活几年后,发现借助于"共产主义""资本主义"或"股份公司"等来自现代经济状况或政治实践的词汇,用以描述原始社会制度只会使人误入歧途,而唯一正确的方法是根据相关的具体事实来分析其财产制度,比如根据捕鱼独木舟的建造、使用方式以及制造并拥有它的那群人的态度来界定其所有权。参见[英]马林诺夫斯基:《原始社会的犯罪与习俗》,原江译,云南人民出版社2002年版,第9—10页。

[2] Jaakko Husa, "Methodology of Comparative Law Today: From Paradoxes to Flexibility?", in: *Revue Internationale de Droit Comparé* (2006), vol. 58, p. 1101.

架,并借助于这个框架,从一个局外人的认识角度来感受外国法。

2."语境"对应的是如何比较

它在功能方法中占有极为重要的位置,该方法因此又称"功能-语境方法"或"语境方法"。拉贝尔认为,人们不能在不了解法律规范如何发挥功能的情况下比较它们,而要了解它们如何发挥功能,就要把它们放在其法律、经济和文化的背景(语境)下进行考察。因此,欲了解一个法律体系如何处理某个具体问题,并由此获得有意义的比较,就要考察相关法律规范所处的整个背景,分析所有的影响性因素,而这在范围上没有边界。对此,拉贝尔做了一段颇具浪漫色彩的描述("这个颤动着的实体构成一个任何人依靠直觉无法了解的整体"云云),豪气万丈而又令人望而生畏。这段话经由茨威格特和克茨的引述而变得众所周知,兹不赘述。

在语境中考察被比较的法律规范,即研究"社会中的法",意味着比较法本质上是一个跨学科领域,它严重依赖各种知识和经验调查。如果缺乏有关法律规范的来源的知识,诸如它们的政治、社会和经济目标、它们的运作环境、法律职业的作用、法院系统的运转情况等,就不可能充分理解它们。随之而来的问题是,一个人如何获得充足的外语、历史、社会学、经济学、政治学知识,如何充分了解另一个国家的法律实践、价值、态度和社会条件?

拉贝尔指出了语境分析的重要性,也充分认识到,若要符合学术上的理想,就要承担无比艰巨的比较任务。然而,对于如何在实践中进行语境分析,他并没有提供指导意见。他的主要兴趣在于使方法服务于工作实践、解决实际问题,发展一套完备的方法论显然不是他的重点。于是,功能方法从一开始,就在其理论与实践之间留下了一道巨大的裂缝,而填补这道裂缝就成为后来的功能主义理论家面临的首要任务。

第二节 功能方法的成长与深化

一、正统地位的确立

功能方法在二战后成为比较法的正统方法。该地位的确立是通过当时在西方法律的智识领导力上跃居第一的美国以及退居第二的德国实现的。

二战期间,一大批犹太血统的德国法学家(包括拉贝尔)被迫逃亡到国外。当时,几乎处于真空状态的美国各大学的比较法专业尤其成为这些"逃亡者的栖身地"。[1] 拉贝尔到美国时已经65岁,由于年事已高不得不退出教学工作,因此在二战后的学术领域只发挥着边缘作用。然而,在美国各大学的比较法学科中占据要职的法学教授几乎都曾经是拉贝尔或其领导的研究所培养出来的学生。通过他们,拉贝尔的方法论在美国获得了正统地位。这批学者将功能主义运用于比较法研究,其中具有代表性和方法论意义的当属施莱辛格(Rudolf Schlesinger)于20世纪50年代末发起的"康奈尔共同核心项目(Cornell Common Core Project)",该项目发展了功能主义。

德国尤其是拉贝尔方法论的巩固的根据地。他本人虽然对二战后德国的比较法不再具有直接的影响力。然而,他培养出来的学生却在比较法学界获得了领导地位,并继续依赖拉贝尔的方法和学说;还有几个学生甚至成为政界要人,给学界的同门提供有力的帮助。这些人在德国形成一个领导共同体,拉贝尔的方法在其中起着智识核心的作用,并且经由他们的支持几乎毫发无损地传递给下一代学者。茨威格特和克茨即属其方法论的传人。1971年,他们在合著完成的《比较法总论》中,系统地总结和阐述了功能方法。这部在全世界流行最广也是最成功的比较法"宝典",使功能主义成为该学科最深入人心的研究方法。

二、理论的成长

在理解功能主义的成长时,不能把它想象为唯一的方法,如接力棒传递那样沿着单一线路向前发展,而要把它想象为一簇有着共同内核的方法——受相同学术气候(即库恩意义上的"范式")影响的多个学者从不同角度对此做出贡献,如同支脉汇成河流那样,最终形成一种富有生命力的方法论。

20世纪六七十年代,施莱辛格提出的"共同核心理论",与茨威格特、克

---

[1] Vivian G. Curran, "Cultural Immersion, Difference and Categories in U. S. Comparative Law", in: *The American Journal of Comparative Law* (1998), vol. 46, p. 68.

德国比较法学研究：历史与方法论

茨所做的系统阐述对功能主义的成长起着关键作用。他们面临的共同任务是，如何把拉贝尔的创见转化成一种切实可行的方法，从而用于日常的研究。

1. "共同核心理论"

施莱辛格在康奈尔大学发起的、由多国学者集体参加的"共同核心项目"，以合同订立为主题，试图在各种法律体系中找到被形式差异掩盖的功能上的对应物，即其所谓的"共同核心"。施莱辛格一开始要解决的难题是，关于他针对各个法律提出的问题，如何获得具有可比性的答案？这要求来自各国的项目参加者都能以相同的方式理解所提出的问题，使获得的答案针对的是同一个问题。如果用抽象的法律术语表述问题，每个参加者可能会以自己法律体系上的概念来诠释这些术语，结果会导致完全缺乏共同的中心。

从解决上述难题入手，"共同核心项目"从以下两方面发展了功能方法：其一，它把马林诺夫斯基（Bronislaw Malinowski）、卢埃林（Karl Llewellyn）以及霍贝尔（Adamson Hobel）等人于20世纪早期在法律人类学领域发展起来的一种研究工具——事实方法（factual approach）或案例方法——运用于比较法领域。其二，为了使集体合作能够汇成优秀的研究成果，该项目使用了调查问卷的手段。调查问卷由来自各个法律体系的专家制作，目的是在尽可能摆脱地方性限制和偏见的情况下，研究案例设计的事实情况。这种以"问题—案例"为导向的基于事实的研究方法，"完全打破了每个法律体系收纳其合同法的概念盒子，使直接比较各个法律体系产生的解决办法成为可能"[①]。这项研究表明，"至少就实际结果而论，撇开实现和描述这些结果所使用的语义学，法律制度中的相同性要大于差异性"[②]。

然而，施莱辛格注意到，比较研究所考察的"事实"并不都具有相同性质；其中一些事实包含了制度性因素，即"由各个共同体的历史、道德观念、民族精神甚至法律不同构成的因素"，不适合进行基于事实方法的比较研究，否则会

[①] Rudolf B. Schlesinger (ed.), *Formation of Contracts: A Study of the Common Core of Legal Systems* (1968), Dobbs Ferry, p. 57.

[②] Rudolf B. Schlesinger, et al. (eds.), *Comparative Law: Cases, Texts and Materials* (1988), 5th ed., Foundation Press, p. 39.

导致自欺和循环论证的危险。①

2. 功能方法的系统化

茨威格特、克茨在总结他人研究成果的基础上,系统地阐述了功能主义的比较过程,大致如下:第一,从功能角度提出一个研究问题(如何解决社会问题X);第二,介绍解决问题X的制度及其方法;第三,列举解决办法中的相似和差异;第四,从功能角度解释研究中发现的相似和差异(包括建立一个能够比较各个解决办法的体系);第五,对研究结果做出批判性评价,必要时判断哪一个解决办法是"最好的"。

茨威格特、克茨所做的系统阐述,试图填补拉贝尔针对功能主义提出的学术理想与该方法的实际运用之间的裂缝,使语境分析具有可操作性。为此,他们提出了摆脱地方性法律概念、以事实问题为导向的研究进路(例如,不要提问"外国法怎样调整德国法所谓的先位继承与后位继承",而要问"外国法以什么方式满足立遗嘱人在死后控制其遗产的要求"),这与施莱辛格立足于案例和调查问卷的事实方法是同样的道理。同时,他们把功能主义建立在三个方法论假设的基础上,意在缩小语境分析的范围,把它限制在法律的社会功能上,使比较法学者能够作为一个法律人,而不必同时像一个社会学家、人类学家或者政治学家那样开展研究。

第一个假设是,从功能角度把法律视为调节人类行为、回应社会需要(问题)的工具,从而把"社会问题"与"解决办法"(即法律的功能)勾连起来,确立起一种"问题—解决办法的方法"(problem-solution approach)。据此,研究者可以选择一个特定的实际问题作为比较的出发点,接着介绍被考察的法律秩序如何解决这个问题,最后列举、解释和评价各个解决办法之间的相似和差异。

法律制度的实际功能是社会学上的问题,然而为了避免就此做大规模的经验调查,茨威格特、克茨提出第二个假设,即各个法律秩序所要解决的问题都是相似甚至相同的。换言之,各国法律具有类似的功能并且执行类似的

---

① Rudolf B. Schlesinger (ed.), *Formation of Contracts: A Study of the Common Core of Legal Systems* (1968), Dobbs Ferry, p. 58.

任务。

第三个是"类似的推定",认为各法律秩序倾向于以相同方式解决实际问题——"各种不同的法律秩序,尽管在其历史发展、体系和理论的构成及其实际适用的方式上完全不同,但是对同样的生活问题——往往直到细节上,采取同样的或者十分类似的解决办法。"①这个假定有两个作用:第一,使比较法学者能够在熟悉的法律框架中考察社会问题及其解决办法,而不必冒险进入社会学领域;第二,检验研究结果是否正确。

为了保证"类似的推定"的准确性,茨威格特、克茨把它的适用范围限制在相对中立的私法领域,而把那些受道德和价值观强烈影响的法律排除在外,这和施莱辛格把含有"制度性因素"的法律排除在"事实方法"之外的道理是一样的。这些做法其实早已暗含在功能主义的出生标记中,它们对应的是国际私法中的"公共秩序保留"。

以上三个假设,尤其是"类似的推定",在缩小法律语境的考察范围时,造成了这样一个结果:明显偏重比较中的相似性。确实,茨威格特、克茨与施莱辛格一样,在发展功能方法的偏好上,强调法律体系之间的重大的相似性而不是详细的差异性。在他们看来,各国法律之间的相似确实多于差异。这在功能主义者中间是个共识。比如,另一个逃亡美国的比较法学家莱因斯坦(Max Rheinstein)也持相同观点,他观察到,美国私法判例中的80%,与不论是英国、加拿大、法国、阿根廷或日本等任何国家的结果相似,而只有余下的20%可以看到国别的差异。他解释说:"我们的文明是同一个单位,问题相同,则解决办法亦相同。"②

3. 偏重相似性的原因

功能主义从一开始就有强调相似性的倾向。拉贝尔虽然在理论上给予比较研究中发现的相似和差异以同等的分量,然而在实践中偏重的却是法律体系之间的相似性,毕竟在他的事业中——无论是进行国际仲裁,还是筹备国际统一法文本——突出相似性有助于解决问题,而突出差异却只会加剧隔阂。

---

① [德]K·茨威格特、H·克茨:《比较法总论》,潘汉典等译,法律出版社2003年版,第54页。
② [日]大木雅夫:《比较法》,范愉译,法律出版社1999年版,第88页。

后来的功能主义者无非把该方法的理论和实践结合起来,明确突出了它偏好相似性而忽略差异的倾向。这是功能方法诞生于国际私法实践时所携带的"胎记",也是后来的理论家为了填补该方法在学术理想和可行操作之间的裂缝而做出的合理选择。而之所以做出这样而不是相反的选择,主要原因可能在于功能主义的动因、目标以及理论家个人所处的社会背景等多个方面。

首先,随着欧洲近代民族国家的兴起,以及作为政治统一标志的各国民法典的相继编纂,法律走向国家化,破坏了以自然法为精髓的欧洲法学(即"欧洲共同法")曾有的普遍性和统一性。概念法学和法律实证主义通过把法学故步自封在各国的学说体系和教条结构中,而进一步强化了这种结局。功能比较法则是作为对这种局面的反动,怀着对法学普遍性的渴望而产生的。

其次,功能方法产生的直接目的是解决冲突法领域中的识别问题和服务于国际私法统一实践,这就决定了"求同存异"地解决私法争议,以及从表面上各自相异的法律体系中寻找共同因素,以此为基础缔造出一种可普遍适用的新制度,就是功能方法的主旨。

最后,强调共性和相似性还具有特殊的政治涵义,它促使人们转向泛国家关系,避免由极端的民族主义导致的不可避免的罪恶。德国纳粹政权曾经为了贯彻种族歧视和灭绝政策,而在法律上承认和合法化差异,尤其是关于基本人性的差异。二战后,生活在大屠杀阴影下的功能主义理论家,亟待消除纽伦堡法律专制主义的影响,自然倾向于在法律文化间寻找普遍性而抹去差异。

三、理论的深化

20世纪末,若干有理论雄心的比较法学家继续沿着反形式主义的道路,在吸收同时代发展起来的新理论的基础上,深化了功能方法。其中较为突出的是两个意大利比较法学家做出的贡献——萨科(Rodolfo Sacco)的"法律共振峰(legal formants)"学说以及马太(Ugo Mattei)的"比较法律经济学(comparative law and economics)"。前者对功能主义所要求的语境分析进行了有益的尝试,后者则对该方法进行了精炼化和具体化的处理。

1. "法律共振峰"学说

如果说施莱辛格、茨威格特和克茨都力图在功能主义的理论和实践之间

德国比较法学研究：历史与方法论

寻找一种适当的平衡，从而限制了该方法的潜在可能性，使比较法朝着（兼重实际用途的）"应用科学"而非（以单纯追求知识为目的的）"纯粹科学"的方向发展，那么萨科的努力则恰恰相反——他主张把追求纯粹的知识作为比较法的目的，因此推崇一种"纯粹科学的"方法。[1]"法律共振峰"学说就是这种尝试的一个结果。

1991年，萨科的文章被翻译成英文发表后，[2]他的"法律共振峰"学说迅速在全世界流传开来。所谓"法律共振峰"，是指所有那些在制定法、一般见解、特定释义、情理、法庭裁判等中间产生某个特定法律规则的构成要素，这些构成要素如同语音的声频那样，随环境而变化并呈现出不同的意义，故被喻为"共振峰"。该学说可被视为结构主义理论在法律上的运用，因此又被理解为"结构—功能主义"。结构主义旨在通过考察一个系统的构成要素之间的结构关系来理解这个系统。萨科试图利用它发展出一种科学方法，把每个国家的法律视为一个由许多不同共振峰构成的系统，并按照其各个共振峰之间的结构关系对之加以分析。

萨科指出，法院在判决理由中列出的清单，即使极为详尽，也不是全部的法律。为了理解法律是什么，有必要分析一个体系的"法律共振峰"之间的复杂关系。在一个法律体系中，这些共振峰并不一定相互协调，而常常处在相互冲突和彼此竞争的状态。比如，一个特定体系的法律规则并不统一，有的来自制定法，有的来自判例法，有的则来自法律学说；而且在每一种渊源中，还存在着相互竞争的共振峰，比如一个法院在某个案件的判决理由中援引的规则可能与实际的判决理由不一致，一部法典的释义可能与其本身包含的具体规则不一致，等等。这种复杂的动态在法律体系之间、在不同法律领域之间会发生相当大的变化。在每一个法律体系中，某些法律共振峰以独特的方式明显地处于主导地位。因此，充分认识法律共振峰是什么、它们如何相互联系，有助

---

[1] Elisabetta Grande, "Development of Comparative Law in Italy", in: Mathias Reimann, Reinhard Zimmermann (eds.), *The Oxford Handbook of Comparative Law* (2006), Oxford University Press, p. 114.

[2] Rodolfo Sacco, "Legal Formants: A Dynamic Approach to Comparative Law", in: *The American Journal of Comparative Law* (1991), vol. 39, pp. 1-34, 343-401.

于确定是哪些因素影响了各个司法区达成的解决办法,并阐明建立在学术著作(围绕以前的判例而展开的)、法律辩论等基础上的解释性做法在塑造实际结果中所占的分量。

法律共振峰学说标志着人们在理解法律的性质和生活的道路上迈出了一步,它拆解了传统功能主义暗含的强调各个法律体系之间的统一性、忽略其多样性的普遍主义观念,使在比较中动态地考察相互冲突的、多种多样的法律规则成为可能。它反映了主流比较法中最为激进的反形式主义立场,其中包含了若干后现代主义的气息。然而,它依然以法律规则为分析本位,依然坚持"实然"与"应然"的区分,这使它与完全否定功能主义的后现代思想区别开来。[1]

2. 比较法律经济学

20世纪90年代中期,马太把法经济学与比较法结合起来,创造出一种"比较法律经济学",试图克服传统功能主义的两个不足:"功能"概念过于模糊而不能成为一个中立和科学的比较标准;功能比较不能反映法律变迁。[2]

马太把法经济学上的一个基本概念"效率",作为具有更高精确度和更为客观的比较标准。他的方法不广泛地考察法律的社会功能,而专门考察一种特殊的功能,即规则或制度的经济效率。从这个角度看,它是一种精炼版的功能主义。该方法的第二个灵感来源于拉德布鲁赫(Gustav Radbruch)的理论;这位法学家曾经提出,只有通过参照一个"第三常项"才可能对两个事物进行比较,这个共同的参照点(即"第三常项")应该是一个超国家的法律体系,一个客观的"高级法"或者"自然法"。对于比较法律经济学而言,效率高的规则就是这个高级法或自然法,可被视为一个中立的比较参照物。

比较法意义上的"效率"被界定为较少的浪费、较低的交易成本、较好的资源配置或较多的个人互动的自由,"是任何'他们'有'我们'也希望有的法律安

---

[1] Ugo Mattei, "The Comparative Jurisprudence of Schlesinger and Sacco: A Study in Legal Influence", in: Annelise Riles (ed.), *Rethinking the Masters of Comparative Law* (2001), Hart Publishing, pp. 253-254.

[2] 格伯认为,传统功能主义获得的知识是静态的,它涉及的是在一个确定的时间点上的一个具体的规范性结构,时间上的变化不是它的关注点。它也未能反映有关法律体系的动态,不关注一个体系如何随时间而发生变化、什么因素影响了这些变化等。

排,因为他们拥有它而生活更好"。① 这种研究方法以建立一个高效率的法律制度模型(效率模型)为起点,这个模型是从现行法律体系的解决办法中抽象出来的;然后,把它与现实世界中的不同法律制度的替代物进行比较。如果发现偏离效率模型的现象,应尝试着解释为什么会发生这种缺乏效率的情况;最后,在查明和解释偏离现象之后,如果发现偏离没有正当的理由,就尝试着确定一下为了接近效率模式应该具备哪些政策变化的条件,这些条件取决于改变一个既定制度的交易成本。

比较法律经济学着重考察法律体系之间的关系的发展动态,即趋同或背离现象,以及法律移植的发生。它试图把趋同和背离解释为法律体系之间竞争的结果。法律体系被视为向一个特定问题供应不同解决办法的市场。如果交易成本为零,那么法律就是可以自由移植的(法律规则的自由流动),会自然地朝着最有效率的规则的方向演变。然而,传统或文化因素会阻止法律向效率方向演进(抵制法律移植),这些因素被解释为真实世界中的交易成本或者路径依赖模式。

比较法律经济学革新了功能主义的术语,它以"效率"代替了传统理论所言的"功能"和"社会需要",并使法律与"社会变革"协调起来,从而弥补了传统方法拙于反映法律变迁的缺陷。然而,有学者指出,"效率"并不比"功能"具有更多的客观性,它同样装满了政治和价值的负担,因此并不能成为一个更合理的替代性比较标准。②

第三节 功能主义的实践性力量

一、广泛应用

虽然功能主义方法论在 20 世纪 60—80 年代取得了长足发展,但是在这

---

① [美]乌戈·马太:《比较法律经济学》,沈宗灵译,北京大学出版社 2005 年版,第 143—144 页。有必要一提的是,马太是意大利人,由于长期任职于加利福尼亚大学黑斯廷斯法学院而被误认为是美国人,如同下文的加拿大人彼埃尔·勒康由于做过巴黎第一大学的教授而常被误认为是法国人。

② Oliver Brand, "Conceptual Comparisons: Towards a Coherent Methodology of Comparative Legal Studies", in: *Brooklyn Journal of International Law* (2007), vol. 32, pp. 427-428.

个时期,整个比较法学科由于缺乏重大法律事件的刺激,与两次世界大战前后的"黄金时代"相比,显得颇为沉寂。进入 90 年代以后,无所不在的全球化使该领域经历了一次复兴。这次复兴的动力主要来源于全球化造成的三类法律事件:一是东欧及其他地区正在经历的法制转型;二是经济全球化带来的对国际统一法的需求;三是伴随着欧洲一体化进程发生的欧洲民法典运动。这三类法律事件都需要比较法学者作为法律顾问和专家参与其中,功能主义则成为各种官方和非官方的"造法者"手中的利器,在这些法律事件中表现出强大的实践性力量。

功能主义不仅起到认识和理解外国法资料、提供比较根据、寻找功能对应物、建立比较体系的作用,而且还从分析层面上升到规范层面,起着评价研究结果,从而决定"最好解决办法"的作用。[①] 后者又自然地导出了普遍化和统一法律的作用,最终使功能主义成为法律统一的工具。由此,功能主义不仅在转型国家的新法典编纂中得到广泛运用,贯穿在各种国际统一法事业(诸如 CISG、《国际商事合同通则》)中,还渗透于欧洲民法典运动中的各项学术事业——从"欧洲合同法委员会"(Commission on European Contract Law,又名"兰多委员会")、"欧洲民法典研究组"运用的事实方法,到"欧洲私法共同核心项目"运用的共同核心理论和法律共振峰学说,无不显示了功能主义的实践性力量。

由于功能主义的广泛运用,比较法在欧洲大陆焕发出强劲的生命力,其形象随之发生了很大变化,它再也不是偏安一隅、带有"灰姑娘情结"的边缘角色,而成为一门充满雄心、积极参与实践并且富有声望的热门学科,其发展势头和产生的影响更是前所未有。这些成功让其他区域尤其是美国的比较法学者羡慕不已。

二、具体应用中的矛盾

然而,有必要指出的是,功能主义理论并未在实践中得到充分和连贯的利用。这是因为学术理想设置的标准太高,从事法律实践的比较法学者只能从现实条件出发,有选择地运用功能方法,从而限制了它能够提供的潜在的研究

[①] 例如,莱因斯坦很早以前就提出,"每一项规则或制度都应该根据如下两个要求来证明其存在的合理性:第一,它在当今社会中发挥着什么功能?第二,它发挥的这个功能好吗,另外一项规则是否比它的功能更好?"

范围和深度。不仅如此,在功能主义的理论和实践方面还存在着一种矛盾关系。谨以该方法在欧洲民法典运动中的运用为例来说明。

欧洲民法典运动根源于欧盟经济、政治两个一体化之间的矛盾:飞速发展的经济一体化要求与市场有紧密关联的法律超越国家疆界,在欧盟层面上形成一个统一的法律制度;然而政治一体化的滞后却不能授予欧盟足够的权能,使其成为能够满足上述需要的超国家主体。在这种情况下,欧洲比较法学者成为这场运动前期的领导者(后期是欧盟委员会),他们试图通过各种研究手段沟通各成员国法律体系,自下而上地推动欧盟实现民法法典化。在这场运动中,有两类清晰可辨的学术事业,分别以"欧洲合同法委员会"和"特伦托欧洲私法共同核心项目"(简称"特伦托")为代表,前者运用规范性手段构建统一性法典文本,后者运用描述性手段缔造"共同欧洲法律文化"。这两类工作中都应用了功能方法,但是其应用表现出很大的差异。

1. 在"特伦托"中的应用

在目前所有的研究项目中,"特伦托"最偏重于纯粹的知识,客观、中立、科学性是它的关注焦点,功能主义在其中得到了尽可能充分的运用。该项目以施莱辛格的共同核心理论和萨科的法律共振峰学说为指导,设计出一系列中立的、不受文化影响的典型案例,并围绕案例设计出事实问题,在此基础上形成调查问卷,使每一个报告人都能从本土法律体系的角度形成解决办法,以此收集关于同一个问题的具有可比性的答案。它还试图揭示可能存在于国家规则内部的各种法律共振峰之间的复杂关系和相互作用,因而要求每个报告人在如下三个层面做出答复,即实施规则、解释性共振峰和超法律共振峰。"实施规则"是法官裁判案件的依据;"解释性共振峰"是指为了支持"实施规则"而提供的理由;"超法律共振峰"泛指其他各种影响解决办法的因素。通过这种研究,"特伦托"希望揭示欧洲不同私法体系中的共同方面,从而绘制出一幅具有最高精确度的"地图",从指点迷津的角度(在实然、分析层面)而不是"工程学"的角度(在应然、规范层面)间接地推动欧洲私法走向统一。[①]

---

① Mauro Bussani, Ugo Mattei, "The Common Core Approach to European Private Law", in: *Columbia Journal of European Law* (1997), vol. 3, pp. 339-356.

这个规模有 200 多人、成员来自欧盟各成员国的集体合作项目,在时间、金钱和精力上作了大量投入,然而其目标还是被现实打了折扣。负责研究"纯粹经济损失"的帕默(Vernon Palmer)承认,"特伦托"最有雄心和最有启发意义的部分在于"超法律共振峰"层面上的调查,它要求报告人解释特定的法律推理、规则、案件和学说如何和为什么如其实际解决问题那样的方式运作,这种解释广泛涉及被调查问题的哲学、经济、历史、人类学、社会学或文化观念。描述这种"行动中的法"的能力,取决于报告人能否严格地在第三层面做出答复。然而,经验证明这种任务常常不能连贯地完成。因为,第三层面上的调查既新奇又困难,并以不容易获得的跨学科信息为前提条件,所以即便最合格的报告人也难以达到要求。最终,这项研究成果并没有实现"特伦托"对第三层面的期待。①

耐人寻味的是,以追求科学性知识为宗旨的"特伦托",在欧洲民法典运动中只起着辅助作用,它产生的过分精细的知识对于现实变革派不上直接的用场。相反,那些把功能方法的理论和实践结合得更少的学术事业反而起着主导作用。在这类研究者眼中,"特伦托"的投入与产出不成比例,如同"积累了成堆的建筑石材,却摆在那里不予利用"②。

2. 在"兰多委员会"中的应用

兰多委员会的任务是,在比较研究的基础上,从各种法律秩序中提取具有普遍性的规则、制作系统性的合同法文本,为欧盟未来的法典编纂奠定基础。为此,它详细考察了国际统一法、欧盟立法以及各成员国的法律,并对拟议的规则进行反复讨论和修改,最终形成了一套"欧洲合同法原则(Principles of European Contract Law)"。③

为了给未来的欧洲民法典创建一套统一性术语,兰多委员会采用"事实

---

① Vernon V. Palmer, "From Lerotholi to Lando: Some Examples of Comparative Law Methodology", in: *The American Journal of Comparative Law* (2005), vol. 53, pp. 281-282.

② [德]K·茨威格特、H·克茨:《比较法总论》,潘汉典等译,法律出版社 2003 年版,第 69 页。

③ 兰多委员会所谓的"原则"(国内译为"通则"),意指运用法律重述技术形成的、没有官方约束力的一般性规则。其用意有二:一是强调"原则"含有"根本""基本"之意;二是避免因名称上使用"规则"而被人指责为自封的欧洲立法者。该用法沿袭国际统一私法协会的《国际商事合同原则》,借以把民间团体制作的软性法律文本与正式的法律区别开来。

方法"突破各国的法律教义,运用事实性概念代替各自体系中具有特殊含义的法律概念。例如,它既没有采用传统大陆法国家(除法国外)的做法,将违约行为划分为不同的违约形态(譬如德国法上的给付不能、给付迟延、积极侵害合同等),也没有采纳普通法上具有特定含义的用语"违反合同",而是采用了统一的事实性概念"不履行",来统指所有不履行合同义务的行为。

然而,兰多委员会并没有拘泥于功能主义的教导。在法源上,它密切关注的只是法律的正式渊源;对于这些渊源,它也没有过多地进行比较和揭示彼此间的差异。虽然它制作的条文大多出自对各成员国相关规则的选择,但是它并没有解释做出特定选择的理由以及背后的政策考量,也没有说明它对各成员国的法律做出了多少改变、各国法律在其中占了多大分量,以及这些法律将会受到什么影响等。这种不透明性使兰多委员会的工作被批评为,在寻找和选择规则方面缺乏方法论指导。但是,兰多委员会之所以在这些事项上保持沉默,是出于政治上的明智考虑:如果仔细阐述这些问题,肯定会激起强烈的民族情绪和爱国心。这样一来,"欧洲合同法原则"必然会遭到强烈抵制,根本无法获得普遍接受,遑论为未来的欧洲民法典奠定基础!

3. 理论与实践的困境

由上可见,兰多委员会对功能方法的应用显然不同于"特伦托"。作为在欧洲层面上构造"软法"的法律改革组织(尽管是非官方的),它有明确的政治目标。它使用比较法是为了挑选和决定一个优越于其他的规则,或者从两三个规则中拼接出一个新规则,甚或抛弃所有现行规则、设计出一个创造性的解决办法。因此,为了追求规范性力量和出于政策上的考虑,它必须根据合理的判断有选择地使用功能方法,抛弃它不能使用的东西,甚至还要有意识地隐藏而不是展示详尽的研究发现。在这里,充分和客观的知识足以坏事,而不是成事。有学者也观察到,许多(借鉴外国制度的)法律改革都是在没有了解不同法律体系之间的结构差异的情况下进行的,如果这些差异被深入地讨论和理解,法律改革的实验必败无疑。为了避免比较法可能产生的"颠覆性"作用,欧洲民法典运动的主要领导人、德国法学家冯·巴尔(Christian von Bar)甚至声称,要把欧洲的法律统一事业与一般的比较法明确地区别开。①

尽管就功能主义所要求的科学性知识而言,兰多委员会远远不及"特伦托",但是它在欧洲民法典运动中所造成的实践冲击力远非"特伦托"可比。它制作的《欧洲合同法原则》不仅被全世界学术著作广泛借鉴和参考,还被欧洲几个国家的最高法院引用,而且还对合同法领域的国家立法产生了重要影响,而最能体现其影响力的,则是它成为欧盟新近立法动议的蓝本,有望至少以修订的形式得到官方承认。相反,以追求纯粹科学知识为宗旨的"特伦托"之所以缺乏政治影响,恰恰在于它的"描述性方法"和"保守的偏好"。

上述矛盾表明,一方面,知识的客观正确性与其实际用途并不必然成正比。② 这说明功能主义的规范性运用自有其存在的正当性,它不一定非要建立在符合科学性要求的比较法知识的基础上。因为,从详尽的事实中推断不出规范,事实永远取代不了做出选择和决策。另一方面,无论是由于现实条件的约束,还是出于决策和政治议程上的考量,比较法学者都不可避免地面临着一个困局——由功能主义理想上应该是什么与其实践上常常是什么之间的距离造成的困境;而对于这种困境,如兰多委员会那样,以实用主义为指导做出合理的选择看来是解决之道。

第四节 后现代主义的挑战

一、背景

20世纪90年代以来,功能主义由于在实践中取得了非凡的成功而遭到了激烈批评。这类批评尽管冠以各种名目,如"批判性比较(critical comparison)""文化浸入式方法(cultural immersion approach)""嵌入式比较

---

① Christian von Bar, "Comparative Law of Obligations: Methodology and Epistemology", in: Mark van Hoeche (ed.), *Epistemology and Methodology of Comparative Law* (2004), Hart Publishing, p. 131.

② J. H. M. van Erp, "European Private Law: Postmodern Dilemmas and Choices—Towards Method of Adequate Comparative Legal Analysis", in: *Electronic Journal of Comparative Law* (1999), vol. 3.

主义(engaged comparativism)"等,然而都被笼统地归为"后现代主义"或"新浪漫主义"。其指导思想主要来源于各种后现代理论,尤其是20世纪中期的文学理论及其后来的变种"文化研究"。与其他领域的类似学派一样,其主要兴趣不是法律比较本身,而是比较研究的政治和认识论。[①] 这股思潮的主阵地在美国,成员主要来自美国新一代的比较法学者,还包括个别其他地域的学者,最突出的是加拿大人勒康和德国人弗兰肯伯格。

这股思潮的兴起大致有两个动因:全球化引起的心理焦虑,以及美国比较法学界发生的方法论危机。首先,全球化造成的普遍冲击力激起了抵制它的反向运动,反全球化论者(或怀疑论者)把全球化看作是对珍贵的价值和传统的威胁,因此对它展开彻底的批判和反思,他们在比较法领域中的表现就是这股新兴的后现代主义思潮,其批判的标靶自然对准支持和参与全球治理、特别是欧洲法律一体化运动的主流比较法。

与此同时,美国比较法学界正经历着一场方法论危机。这一时期,主导该国比较法学的德裔学者陆续退休和去世(1996年施莱辛格的去世标志着这个时代的结束),新成长起来的本土学者接管了该学科。与在欧洲受过经典教育的上一代学者相比,他们缺乏广博的背景知识,无法像上代学者那样擅长把普通法与大陆法进行细致的比较。因此,根源于欧洲的研究范式——其主要特征是以私法为导向,以欧洲国家之间以及大陆法和普通法之间的比较为中心,法律渊源上集中于正式规则——无法满足他们的研究需要,迫使他们必须"摆脱欧洲阴影",发展出适合美国的研究议题。[②]

在上述背景下,后现代主义者对主流范式展开批判,并提出各种替代性方案。其中最有代表性的是弗兰肯伯格的"批判性比较"和勒康的"解释学活动(hermeneutic exercise)"。

[①] Annelise Riles, "Wigmore's Treasure Box: Comparative Law in the Era of Information", in: *Harvard International Law Journal* (1999), vol. 40, p. 247.

[②] Mathias Reimann, "Stepping Out of European Shadow: Why Comparative Law in the United States Must Develop Its Own Agenda", in: *The American Journal of Comparative Law* (1998), vol. 46, pp. 637 – 646.

二、批判性比较

弗兰肯伯格对功能主义的批判涉及两个方面——"如何比较"(即方法问题)和"为什么比较"(即动机问题)。在方法问题上,他认为功能主义存在如下四个缺陷:第一是简化主义。它运用"社会问题—解决办法"之间的功能关联性引导研究,借以降低问题的复杂性;它的研究前提尤其是"类似的推定"排除了法律体系之间的根本差异,在比较过程中又把受政治和道德价值影响的领域排除在外,从而把法律降低为一种解决冲突的刻板技术。第二是忽视差异。它对法律的发展持一种进化论观点,把引起法律变化的错综复杂的过程,解析和定型为一种进化主导的过程。进化论观点和简化主义导致它缺乏辨析差异的特质。第三是法律中心论。它关注正式的法律和制度,对非正式制度缺乏敏感性。第四是虚假的中立化姿态。功能主义者摆出一副客观主义的姿态,声称为比较研究确立了一个中立的参照点。然而,个人的"前见"不可避免地影响他领悟和比较的方式,任何中立性的尝试都不过是自欺欺人,是"以自身尺度衡量别人的无意识解读"。[①]

弗兰肯伯格更关注主流范式背后的动机。他认为,20 世纪 90 年代以来,西方的主流比较法学已经发展为一项具有实践冲击力和富有侵略性的政治事业,它超出了学术的范围,充当起权力的工具,成为一种"政治干涉"和意识形态工程。他把主流学者称为"法律父权主义的代表",他们强烈偏爱本国法,却通过客观性和中立性的修辞,竭力隐瞒其主观偏好和特有视角,并以实用主义掩盖他们的政治学。他们的研究工作服从于一个秘密(或无意识)的霸权性政治规划,即强化和扩张西方的法律权威。总之,他们追求的是一项新殖民主义的事业。传统比较法的方法和技术因而也是"战略性的",它们旨在证实和维护西方法律的优越性及其干涉的必要性。

认识到没有任何中立性的比较参照物,人们也不可能摆脱其先入之见,弗兰肯伯格提出一种"批判性比较",试图把比较法转化为一种法律批判的工具、

---

① [德]根特·弗兰肯伯格:《批判性比较:重新思考比较法》,贺卫方、王文娟译,载梁治平主编:《法律的文化解释》(增订本),生活·读书·新知三联书店 1998 年版,第 175 页。

一种"对本国法律与外国法律之间的关系更为敏感"的"学习经验"。他要求比较者不要无休止地追求一种中立和客观的姿态，而要意识到自己是参与性的观察者，因此要进行自我反省和自我批判，尤其要对自身固有的种族中心论和法律中心论进行批判。前者来自本土法律体系中的各种文化偏见；后者则是这样一种观念，即"认为法律是既定的、必然的存在，是通向理想的、理性的和圆满的冲突解决办法，并最终走向确保和平与和谐的社会秩序的必由之路"[①]。一旦具有这种自我批判意识，就会发现在法律的发展中并不存在一种普遍的真理和普遍的道路，而是存在着多种可能性，这种认识有助于学者从各自的真理观和固定的解释模式中解脱出来，把法律作为一种无所不在和含义模糊的现象加以分析，并将注意力集中在主流话语放弃、忽略和排斥的事物上，以"重新估价我们法律世界的既有物，重新构想我们的各种可能性和我们的自由"[②]。

三、解释学活动

勒康以反对欧洲民法典事业而著称。在他看来，这意味着在没有充分考虑各成员国地方性法律文化的情况下而生产统一性规则，没有公平对待欧洲现行法律体系的隐含价值。他对功能主义的批判服务于这个目的。和弗兰肯伯格一样，他最关注的问题不是"应该如何进行比较"（即研究方法）而是"为什么进行比较"（即研究旨趣）。

勒康的方法论围绕着"法律文化"而展开。"法律文化"意指那些来源于民、形成于史、根深蒂固的关于法律的本质以及关于一个法律体系的正当的结构和运作的观念。以此为出发点，他提出，规则是文化的载体，它植根于法律的地方性维度；每一种法律文化都是独一无二的、文化上偶然的产物，它是不可通约和不可转换的，除非对其周围的社会环境进行深入的理解。

在他看来，功能主义在穿透语言的外壳方面只取得了部分的成功，规则的功能只不过是法律表象的另一个层面。因此，比较法不能考察功能，而应该成

[①] ［德］根特·弗兰肯伯格：《批判性比较：重新思考比较法》，贺卫方、王文娟译，载梁治平主编：《法律的文化解释》（增订本），生活·读书·新知三联书店1998年版，第210页。
[②] ［德］根特·弗兰肯伯格：《批判性比较：重新思考比较法》，贺卫方、王文娟译，载梁治平主编：《法律的文化解释》（增订本），生活·读书·新知三联书店1998年版，第223页。

第六章　西方比较法学中的功能主义

为一种解释学活动——对法律文本表达的深层的文化和精神结构进行解释,这种活动实际上是探究法律的文化的、道德的和语言的相对主义。为此,研究者必须超越法律规则的技术性表面,以揭示其政治的、社会的、经济的和意识形态语境中的意义。他强烈反对功能主义专注于发现共性和相似性,因为其逻辑结果必然是极权主义的统一化;他认为法律传统和文化的特殊性最为重要,因此强调差异具有优先性,强调比较必须产生多样化的效果。为此,他要求研究者必须抵制住建构共性的强大诱惑,而去刻画、阐述和证立差异,从而支持差异的不可消除性。因为差异构成法律文化的特性和多样性,具有对抗法律普遍主义和保护文化多样性的正面价值。

四、后现代主义的特质和局限

后现代主义者对功能方法进行了有效的批判,为比较法研究打开了一个新视角。他们的主张其实是在功能主义的两端做出了这样的选择:站在突出相似性及与之相关联的规范性运用(即现实和实践)一端的对立面,而把突出差异和强调语境考察(即理想和理论)一端推向极致。具体而言:

在研究旨趣上,他们坚持"为艺术而艺术"的精神,追求学术上的纯粹主义,而完全弃绝比较法的实践和法律的规范性力量,即不解决现实世界中的问题,不把比较法当成发展法律的工具。在美国,这是社会环境造成的一种结果。与其欧洲同行相比,美国新一代学者缺乏实践的滋养。欧洲法学者在欧盟法律一体化运动中处在"造法"的中心;而在美国,"造法"的主角是法官和律师,法学界的主角是公法学者,比较法学者无足轻重,可谓边缘中的边缘。这种格局导致他们偏重于发展理论。来自其他地域的学者则试图通过发展出一套精细而复杂的理论,给比较法的规范性运用造成尽可能多的障碍,以此抵制和缓和全球化的冲击力。

在方法论上,后现代主义者长于破坏而短于建设。他们重在解构主流话语中的歧义和模糊性,以及其研究假设中的内在矛盾。但是在批判和拆解主流研究范式之后,他们没能提供一个实际可行的、能够与功能主义的简明性一争高低的替代性方法。方法论创新在学科的变革和代际更替上是一个公认的标志。就此而论,后现代批判尽管有力,但其最大的弱点在于,没有形成一种具有凝聚性的方法,借以把自己与主流学者区别开来。

从实践角度看,他们提出的要求对于获得更丰富和完善的知识而言固然值得称赞,然而这些苛刻的要求大都基于不现实的假定,把比较法事业变得非常不切实际,漫说法律实务者根本达不到这些要求,就连学者自己也难以真正贯彻。所以,后现代主义者尽管耗费精力,通过诉诸法律的文化面向来挑战功能主义,却常常流于"只说不做",迄今还没有拿出像样的研究成果来证立其主张。

第五节 对后现代批判的回应

后现代思潮并没有对功能主义构成真正的威胁,尤其是在比较法学的主阵地欧洲大陆,它甚至没有引起主流学者的注意。只有少数人从方法论角度对这股思潮做出了回应,其立场大致可分为以下三种。

其一,吸收批判中的合理成分,以克服功能主义的明显缺陷,在此基础上形成改良版的功能主义(被称为"新功能主义")。这种立场认为,功能主义具有很强的包容力,它与后现代主义的一些基本观点本质上并不冲突。比如,功能主义要求进行语境分析,与后现代主义强调要考察法律的深层社会结构其实是一回事,尽管它们各自使用的修辞不同。功能主义完全能够避免后现代批判,导致这些批判的真正原因在于,比较法并没有充分利用功能主义潜在的力量和好处,它在实践中的运用偏离了其基本的理论教导,因此造成了强调相似性、追求统一性,以及没能充分考虑法律与文化之间关系的缺陷。为此,新功能主义者提议,放弃传统上声称的中立和客观的立场,把功能主义从一种法律的科学性方法,转化为一种建构性方法、一种非简化主义的分析工具和解释性视角,用以真正地理解不同的法律。[①]

其二,把功能主义"降下神坛",主张研究方法的多样化。[②] 在有保留地接

---

① Jaakko Husa, "Farewell to Functionalism or Methodological Tolerance?", in: *Rabels Zeitschrift für ausländisches und internationales Privatrecht* (2003), vol. 67, pp. 419–447.

② Vernon V. Palmer, "From Lerotholi to Lando: Some Examples of Comparative Law Methodology", in: *The American Journal of Comparative Law* (2005), vol. 53, pp. 281–282.

受某些后现代批判之后,一些回应者认为,任何一种方法都有其适用范围和限度,功能主义从一开始就是被设计用来进行(集中于规则和制度的)微观层面的法律比较,在这方面它是一种相对合理的方法论起点。既然如此,为什么非要把它拉出其内在界限,强求它成为一种完美无缺和绝对客观的方法呢?再者,任何研究都需要一种理论框架,用于简化和梳理所遇到的复杂现象,它们都或明或暗地以一种认识旨趣和理论偏好为基础,在这方面既没有唯一合理的方法,也没有唯一合理的研究旨趣。因此,不要苛求功能主义能够包治百病,以免其"不能承受之重",而应该提倡方法的多样化,由研究者根据其目标、主观能力和可负担的成本,选择一种灵活和切实可行的方法。为了避免过分寄望于方法,甚至有必要当头棒喝:"不要问你的方法能为你做什么,而要问你能用你的方法做些什么!"[①]

其三,抨击后现代主义,力挺功能主义。有趣的是,这种针锋相对的立场恰恰来自普通法国家的比较法学者。他们认为,比较法仍然是"一门寻找听众的学科"[②],特别是在美国和英国,它迫切需要从学术的象牙塔中走出来,获得法律实务界的承认和应用。为此,需要一种像功能主义这样的切实可行和不那么让人望而却步的方法。然而,后现代主义者却以牺牲法律的规范性力量为代价,用形而上的精细理论和过于奇异、玄奥的学说,把比较法学科人为地复杂化,意图使它沦为一种纯学术游戏,从而无法促进该学科的广泛运用。因此,他们坚决反对比较法落入后现代主义者的手中,坚决反对把比较法学科与实践世界分离开来。在他们看来,把各种解决办法进行比较并评价它们的优缺点,从中产生出具有规范性的结果,是一个有益的过程。总之,套用一个说法,比较法"不是学者们舒展其法理学肌肉而玩耍的游戏,而是致力于通过法律来改善人类的生活状况"。[③]

---

① Jaakko Husa, "About the Methodology of Comparative Law—Some Comments Concerning the Wonderland", Maastricht Faculty of Law (2007), p. 17.

② Basil Markesinis, "Comparative Law: A Subject in Search of an Audience", in: *The Modern Law Review* (1990), vol. 53, pp. 1-21.

③ 这里套用的是有关冲突法的一个说法,比较法和这个有着血缘关系的学科如今面临着相似的命运。[美]弗里德里希·K. 荣格:《法律选择与涉外司法》,霍政欣、徐妮娜译,北京大学出版社2007年版,第299页。

第六节 结 论

功能方法始终面临着理论与实践、理想与现实之间的分裂,这个分裂至今仍是一道未能愈合的伤口。功能主义近百年的发展史,就是一个在其中艰难挣扎,并试图愈合这道伤口的历史。自其诞生至今,所有方法论方面的努力无不直接或间接地涉及这个命题。这表明,在功能主义的理论和实践、理想与现实之间始终存在着一种内在的紧张关系,它反映了功能方法在"实用"和"优雅"之间以及最终比较法在作为实用学科与作为纯粹学科之间的永恒冲突。功能主义的几乎所有问题都来自这个冲突。

功能主义本身存在的弱点不是它招致批判的主要原因,主要原因在于与功能主义联系在一起的研究旨趣,以及该研究旨趣在实践中产生的巨大冲击力。在全球化和反全球化、法律统一和文化多样性的对立立场之间没有沟通的余地,这种方法伦理之间的根本冲突,妨碍了在功能主义和后现代主义之间实现富有成效的对话。不过,可以肯定的一点是,与后现代主义者过度神志清明,从而麻痹了行动能力,且日益消极地退隐到文化上的孤立主义相比,富于积极作为的功能主义者无疑是行动中的赢家——他们抱着一种开放的态度和从过去的错误中汲取经验的愿望,立足于努力缩小理论与实践之间差距的理想,敢于冒着误解和被误解的风险从事比较法事业,这种注重实效的做法无疑更有价值和更为可取。

最后,就功能主义的诞生和繁荣的背景来看,该方法的力量来源于重大法律事件造成的巨大需求,来源于其服务于实践的简明性和可操作性,而不在于其理论的融洽性。就此而言,只要这种需求存在着,该方法的生命力就不会衰竭。

第七章　研究范式的后现代转向及其限度

　　20世纪90年代,西方比较法学中兴起了一股后现代思潮,它复兴了古典浪漫主义哲学,并将各种后现代理论引入比较法学科。这股思潮之所以渗透比较法学,乃是因为后者涉及东方与西方、普通法与大陆法、"我们"与"他们"之间的比较,并在这个过程中处理"他者""差异"等问题,这恰恰是后现代主义者偏爱的题材。

　　后现代抛弃传统的借自社会科学的理论和研究前提,而支持文学理论及其后来的变种"文化研究",还有各种衍生性的后现代理论。这种由社会科学到文化理论的转向标志着一种不同类型的比较法事业,它不像传统研究那样开展法律现象之间的比较,而重在揭示主流法律文献或论述风格中隐藏的意义、主旨或者战略。与其他领域的类似学派一样,其主要兴趣不是法律比较本身,而是比较研究的政治和认识论。比较法学的研究范式由此经历着一场转向:方法上,从偏好"共性"转向强调"特殊性";目标上,主张舍弃法律的规范性面向,从实践转向认知。前者涉及的是"比较什么"和"如何比较",后者涉及的是"为什么比较",它们是比较法研究范式的两个核心命题,最能体现该学科的特性和本质。

　　这场转向是为了将比较法确立为一门"纯粹的科学",从而将其固有的反形式主义进路推向极致产生的一种结果。由于方法论上存在致命缺陷,后现代最终未能促使比较法学发生真正的变革,反而愈发加剧了该学科内在的理论与实践之间的分裂,使其陷入一场前所未有的危机。

第一节　研究方法上从偏好"共性"
转向强调"特殊性"

后现代表现出一种特殊的人文思维逻辑，它试图转变科学主义的思维方式，反对理性主义、基础主义和普遍主义观念，而重视对象的差异与多样性。依据理论来源，它有两个清晰可辨的分支：一是"批判性比较法"，二是"新浪漫主义/解释学"。前者具有浓烈的政治性，是比较法与"批判法学"相结合的产物，其主旨是揭示法律的政治性和意识形态特性；后者具有文化保守主义倾向，主要吸收了浪漫主义传统中的"民族精神"观念和现代解释学理论，它强烈反对任何形式的普遍主义观念，主张比较法应关注文化的特殊性，关注"前见"，即那些存在于外国法律实践背后的不言而喻且被视为理所当然的认识论前提和观念。

在上述知识观的支配下，后现代对主流比较法展开全面批判，包括传统的分类学模式、法律移植理论、主流研究中暗含的具有"自然法"意味的真理观和普世观、研究者所持的个人偏见（种族中心主义或西方中心主义）等。其中最集中的批判涉及比较法的正统研究方法——功能主义或功能比较法。它是主流比较法的标志，因此成为这场方法论之争的焦点。支持者认为，功能主义是比较法最成功，甚至也是唯一有效的研究方法。后现代主义者则视其为"祸害"，认为它集中体现了主流比较法所有坏的方面。

他们首先拆解功能比较法的合理性基础，认为其理论假设经不起检验——它并非如主流学者所宣称的那样是"科学""客观"和"中立"的。这种方法诉诸社会功能、社会需要或者社会问题等来自社会学的概念，把"功能"作为"比较的第三项"（即"比较的标准"或"中立的参照物"），认为规则或制度之间的比较应该依据它们客观上承担的功能，而不是其本身的文字表述、概念和学说结构等外在形式。换言之，即便它们在法教义学上不属于同类，但是只要它们在功能上对等、在不同的法律体系中承担着大致相当的功能，就可以进行比较。在此，"功能"被认为提供了一种客观、中立的视角，因而是一种科学的研究方法。

第七章 研究范式的后现代转向及其限度

批判者则认为,功能主义者摆出一副客观的姿态,声称为比较研究确立了一个中立的参照点,但是这种主张其实是一种虚幻。实际上,任何调查研究和表述都会充满无意识的判断,学者们的领悟和比较方式都不可避免地受"前见"的影响,都不同程度地带有个人偏好。"前见"具有规范性,因为背景和法律潜意识在选择、确立和组织(法律思考中运用的)所谓"描述性的"分类时,始终发挥着规范性作用。个人偏好则无所不在,它或多或少地具有任意性和片面性,给主观主义留下很大空间。学者们不可能超越其"前见"或认识局限进行理解,也不可能完全摆脱其本土文化的基础分类,这就决定了比较法"天然就是一种种族中心主义的事业"。[①] 因此,任何中立性的尝试都不过是自欺欺人,是"以自身尺度衡量别人的无意识解读"。[②]

功能比较法还具有简化主义缺陷。考察法律的实际功能要求比较者深入到特定法律制度的具体语境中,进行广泛的社会学调查。然而,为了使这项任务变得切实可行,使研究者能够作为一个法律人而不必像社会学家、人类学家那样做大规模的经验调查,功能主义理论家提出一系列假设来缩小语境调查的范围:首先,从功能角度把法律视为调节人类行为、回应社会需要的工具,从而把"社会问题"与"解决办法"(即法律的功能)勾连起来,确立起一种"社会问题—解决办法的进路(problem-solution approach)";其次,假定各个法律秩序所要解决的问题都是相似甚至相同的;最后是著名的"类似的推定",即认为各个法律秩序倾向于以相似方式解决实际问题。批判者指出,这些假设在增强功能比较法的可操作性的同时,犯了简单化错误:该方法把只有履行相同功能的法律才能进行比较作为前提,它所寻求的其实是那些按照国内法的分类和解决模式组织的问题在外国法中的解决办法,它运用"社会问题—解决办法"之间的功能性关联引导研究,降低了问题的复杂性;其研究前提尤其是"类似的推定"排除了法律体系之间的根本差异;而且,为了使这个推定能够站得住脚,功能主义者把该方法的有效范围仅仅限定在伦理色彩较少的债法领域,

---

[①] Brenda Crossman, "Turning the Gaze Back on Itself: Comparative Law, Feminist Legal Studies, and the Postcolonial Project", in: *Utah Law Review* (1997), p.526.

[②] [德]根特·弗兰肯伯格:《批判性比较:重新思考比较法》,贺卫方、王文娟译,见梁治平主编:《法律的文化解释》(增订本),生活·读书·新知三联书店1998年版,第175页。

131

而把伦理性较强的法律领域排除在外,由此把法律降低为一种解决冲突的刻板技术,而抛却了它的政治与道德基础。

此外,功能主义者常常持一种进化论观点,认为法律不断适应社会需要,甚至赋予它们以能动的地位,视其为推动社会进步的重要手段,由此把引起法律变化的错综复杂的过程,简化和定型为一种进化主导的过程。进化论通常又与法律中心主义紧密相连,后者把法律视为解决社会问题的一系列调整性技术,"认为法律是既定的、必然的存在,是通向理想的、理性的和圆满的冲突解决办法,并最终走向确保和平与和谐的社会秩序的必由之路"[①],而完全忽略法律条文和正式制度之外的东西。

简化主义和进化论观念最终导致功能主义缺乏辨析差异的能力。历代理论家在发展该方法的偏好上,都强调法律体系之间的相似性而不是差异。他们认为,各国法律之间的相似性确实多于差异,这在功能主义者中间是个共识。批判者则指出,这其实是简化主义、进化论和法律中心主义造成的一种结果,使比较者把法律的历史文化维度人为地从分析框架中排除出去,将其研究限制在预先设定的范围内,从而没有同等对待比较中可能出现的相似性和差异,而倾向于突出相似、忽略差异。"相似性假定"尤其如此,它其实是一种"同义反复",妨碍研究者深入探索法律体系间根本的甚至不可调和的差异。然而,"拒绝差异就是拒绝承认构成个体本身的特殊性,在这个意义上,它就是掩盖和抹杀个性"[②]。总之,功能主义是"一种有意压制差异的思维方式。它以使法律成为人类优秀智力成果的理想为代价,而在法律中追求一种普遍意义"[③]。它"所宣称的普遍意义缺乏证据支撑,并具有这样的危险——极易把统一性错误地强加在社会现实的多样性之上"[④]。

[①] [德]根特·弗兰肯伯格:《批判性比较:重新思考比较法》,贺卫方、王文娟译,见梁治平主编:《法律的文化解释》(增订本),生活·读书·新知三联书店1998年版,第210页。

[②] Vivian G. Curran, "Cultural Immersion, Difference and Categories in U. S. Comparative Law", in: *The American Journal of Comparative Law* (1998), vol. 46, p. 67.

[③] George P. Fletcher, "Comparative Law as a Subversive Discipline", in: *The American Journal of Comparative Law* (1998), vol. 46, p. 694.

[④] Pierre Legrand, "The Same and the Different", in: Pierre Legrand, Roderick Munday (eds.), *Comparative Legal Studies: Traditions and Transitions* (2003), Cambridge University Press, p. 293.

第七章 研究范式的后现代转向及其限度

与主流研究偏好"共性"相反,后现代主义者强调研究对象的"特殊性"。他们提出各种替代性方案来实现这个要求:以"内部视角"理解外国法律现象、"批判性比较""文化浸入式方法""嵌入式比较主义""解释性地说明和沟通各种法律文化"等。与后现代的两个分支相对应,这些方案本质上可归为两类——"批判性比较"和"文化比较法"。

"批判性比较"要求研究者通过自我批判达到对世界多样性的认识。它把法律视为一种旨在获得、巩固和支持权力运作的工具,要求比较者从关注传统法律话语的概念(例如权利和义务)转向研究对象的政治学,认为这是确保比较法不屈从潜在的霸权主义政治规划的唯一办法。这种进路把研究者的个人见解视为比较过程中的一个决定性因素,要求研究者放弃中立和客观的立场,而要意识到自己是参与性的观察者,因而要进行自我反省和自我批判,尤其要批判自身固有的种族中心主义和法律中心主义观念。一旦具备这种自我批判意识,就会发现,在法律的发展中并不存在一种普遍的真理和普遍的道路,而是存在着多种可能性,这种认识有助于学者从各自的真理观和固定的解释模式中解脱出来,把法律作为一种无所不在和含义模糊的现象加以分析,并将注意力集中在主流话语放弃、忽略和排斥的事物上。

"文化比较法"反对本质主义,不相信假定、确定性和实证主义,认为它们压制了比较分析中的语境因素,而主张通过具体的语境考察认识事物的特殊性。"语境考察"要求把比较对象置于特定的社会情境中进行考察,以把握它们作为一个独特的社会现象的本质。需要注意的是,文化主义者所谓的"语境"不包括所有可能的关联性因素,而主要指其中的精神性因素,人口、地理、生产方式等物质性因素基本被排除在外。

这种进路立足于一种不同的关于法律本质的哲学观,即不把法律视为规则的总和或者最大限度地增加社会财富的工具、主权者的命令、永恒的宇宙真理的反映等,而是视为一种文化或民族精神、"一种自觉的精神活动,尤其是记录了法学家们试图根据其道德哲学观来获得关于法律问题的正确答案的活动"[1]。

---

[1] William Ewald, "Comparative Jurisprudence (Ⅰ): What Was It Like to Try a Rat?", in: *University of Pennsylvania Law Review* (1995), vol. 143, p. 1949.

换言之,"语境主义"把法律视为一个文化整体的构成要素,并围绕"法律文化"的概念而展开。"法律文化"则意指那些来源于民、形成于史且根深蒂固的关于法律的本质以及关于一个法律体系的正当的结构和运作的观念(即存在于法律制度背后的"前见")。

基于这种理解,埃瓦尔德(William Ewald)提出,比较法的中心任务是探究和解释世界上各种应用性的道德哲学观;在研究某个外国法律时,首先要把握的东西不是法律的外在方面(如规则的经济功能、书本上的法律学说等),而是该法律制度的"认知结构",由此要把字面上的规则植入由信念、理想、选择、愿望、辩解理由等构成的网络中,作为一个生活于其中的人、以内部视角来理解和思考这个法律制度。柯伦(Vivian G. Curran)持类似观点:如果想有效地考察某个外国法律文化,就要将自身"浸入"塑造该法律体系,同时也是该法律体系运行于其中的政治、历史、经济和语言的语境,以达到对其文化精神的把握。勒康也提出,规则是文化的载体,植根于法律的地方性维度;每一个法律文化都是独一无二、文化上偶然的产物,它是不可通约和不可转换的,人们只能通过考察其周围的社会环境才能深入理解它。因此,比较法应该超越法律的技术性表面,以揭示其文化、政治学、社会学、历史学、人类学等的意蕴。

语境考察的目的是揭示事物的多样性和差异。把法律视为整体文化的构成部分,并强调进行语境考察,意味着法律必然依附于本土文化观念,因此也是独特的和各不相同的。法律文化的这一特殊本质,决定了多个法律现象之间必然呈现出差异而不是相似。勒康甚至把突出"差异"的意义上升到政治高度,认为专注于发现共性的逻辑结果必然是极权主义的统一化,因而有必要实行一种"抵抗政治",赋予差异以优先地位;因为差异构成法律文化的特性和多样性,具有对抗法律普遍主义和保护文化多样性的正面价值。在他看来,法律传统和文化的特殊性最为重要,因此比较法分析必须产生多样化的效果。为此,他呼吁研究者必须抵住建构共性的强大诱惑,而去刻画、阐述和证成差异,支持差异的不可消除性。

第七章　研究范式的后现代转向及其限度

第二节　研究目标上从实践转向认识

研究目标上的转向涉及全球化与反全球化立场之间的根本对立。20世纪90年代初以来，无所不在的全球化使比较法学经历了一次复兴，现代比较法技术成为推动法律全球化的利器，表现出强大的实践冲击力。这股冲击力激起了抵制它的反向运动，怀疑论者认为它危及了宝贵的地方性价值和文化传统，自然把批判矛头对准支持和参与全球治理的主流比较法。明乎此就不难理解，后现代主义者之所以要求比较法从研究"共性"转向研究"特殊性"，是因为方法服务于目标：突出"共性"本质上与统一化和普遍化相连，从而为全球治理和法律统一的理想图景提供基础；强调"特殊性"则与地方性和多样性相连，从而为保护民族文化和国家主权的运作提供根据。因此，相对于研究方法而言，后现代主义者更关注隐藏在主流范式背后的政治目标。

这方面最有影响的批判者是弗兰肯伯格和勒康。前者是"批判性比较法"的代表人，主要针对西方强国向发展中国家输出法律而展开批判；后者是"新浪漫主义/解释学"的代表人，其批判矛头则指向目前正在进行的欧盟民法法典化运动及其他国际统一法事业。这些方面都是法律全球化的突出表现。

弗兰肯伯格指出，20世纪90年代以来，东欧国家正在经历着一场法制现代化转型；它们出于加入欧盟、世贸组织的需要，或者应国际货币基金组织、世界银行等国际机构的要求，纷纷借鉴发达国家的经验进行法制改革，以美、德为首的西方强国则竞相把自己的法律模式输出到这些国家。西方法学者作为特聘专家，运用比较法技术为这类法律改革出谋划策。在这个过程中，主流比较法发展为一项具有实践冲击力和富有侵略性的政治事业，它超出学术的范围，充当权力的工具，成为一种"政治干涉"和意识形态工程、一种"通过法律移植和协调战略而实施的后现代形式的征服"。[1]

参与这项事业的比较法学者被喻为"法律父权主义的代表"，他们强烈偏

---

[1] Günter Frankenberg, "Stranger than Paradise: Identity & Politics in Comparative Law", in: *Utah Law Review* (1997), p. 262.

德国比较法学研究：历史与方法论

爱本国法，却通过客观和中立的修辞，竭力隐瞒其主观偏好和特有视角，并以理想主义和实用主义为名掩盖他们的政治。他们的研究服从于一个秘密（或无意识）的霸权性政治规划，即强化和扩张西方的法律权威。他们在东欧国家计划经济解体之后，一方面检修和拆除旧法律体系，另一方面成为资本主义法律的助产士，在超国家机构和国际组织的监管下，输入、改编和移植西方法制，最终建立起一套新法律制度，以保障权利、促进投资和满足经济全球化的需要。总之，他们追求的是一项新殖民主义事业；传统比较法的方法和技术因而也是"战略性的"，旨在证实和维护西方法律的优越性及其干涉的必要性。

勒康以坚决反对欧盟民法法典化而著称。当前，为了适应经济一体化的飞速发展，欧盟及其范围内的比较法学者正在联合打造一部"欧洲民法典"，试图统合与市场交易密切相关的私法。这项事业的理论基础是欧盟各国的私法具有很多相似性并正在趋于同化，尤其是大陆法和普通法两大法系渐趋融合，因此在欧盟层面上以一部法典的形式统一相关私法，不仅必要而且可行。勒康则认为，"趋同理论"是一种完全反历史的论证，它低估了历史偶然性和人类自由的重要性，是"一种对多元主义的攻击，一种压制矛盾的欲望，一种减少特殊性的企图，一种在欧盟范围内的两种主要法律传统的背景下消除文化记忆的意志，而这两种传统在认识论上分庭抗礼，在满足它们各自共同体的特殊历史需求上同样有效"。[①] 所以，以趋同理论为基础构造一部"欧洲民法典"，意味着没有公平对待大陆法和普通法各自隐含的价值。特别是，由于这两大法律传统之间存在着不可简化的差异，法典化事业其实是将欧陆的法典编纂传统强加在英国的判例法传统之上，以牺牲普通法理性为代价来推行大陆法的形式和内容。此外，民法典通过形式化地构造事实，也限制了人们选择其他生活观的能力。

国际层面上进行的统一法事业也都通过发展一元化框架，压制差异和控制混乱，驱逐和清除那些具有偶然性、暂时性特征的地方法律文化。总之，勒康指出，主流比较法要么关注实质或地理范围内的法律统一，要么更具有哲学

[①] Pierre Legrand, "The Same and the Different", in: Pierre Legrand, Roderick Munday (eds.), *Comparative Legal Studies: Traditions and Transitions* (2003), Cambridge University Press, pp. 294–295.

第七章 研究范式的后现代转向及其限度

倾向、以追求普遍性的统一法为目标。这两种进路的重点"都不是解释法律的多样性,而是通过解释消解它,以权威的知识和真理的理想为名控制它"。①

批判主流研究目标的用意是要求比较法放弃其规范性面向,由一门服务于实践的应用性学科变为服务于认识的理论性学科。弗兰肯伯格提出,要把比较法转化为一种法律批判的工具和"对本国法律与外国法律之间的关系更为敏感"的"学习经验",以"重新估价我们法律世界的既有物,重新构想我们的各种可能性和我们的自由"。② 勒康主张,比较法应该成为一种解释学活动,解释法律文本表达的深层的文化和精神结构。总之,他们坚持"为艺术而艺术"的精神,追求学术上的纯粹主义,把比较法当作类似于文化研究或比较文学那样的学术活动。这种活动实际上是探究法律的文化、道德和语言的相对主义,而完全弃绝其实践性和规范性面向,即不把比较法当成发展法律的工具来解决现实问题,而把它完全变成一种"价值无涉"的认知活动、一种"学者们舒展其法理学肌肉而玩耍的游戏"。③ 换言之,它致力于关于"知"的学问,而不回答如何"行"的问题。

从实践到认识的转向在不同的地域有不同的成因。在美国,这是社会环境造成的一种结果。与其欧洲同行相比,美国新一代的比较法学者缺乏实践的滋养:欧陆学者一直处在"造法"的中心,尤其在当前的欧洲民法典运动中起着领导和推动作用;而在美国,"造法"的主角是法官和律师,法学界的主角是公法学者,比较法学者无足轻重,可谓边缘中的边缘。这种格局导致他们脱离实践而偏重于发展理论。来自其他地域的学者(如勒康和弗兰肯伯格)则有着与法律全球化短兵相接的经验,试图通过发展一套精细而复杂的理论,给比较法的规范性运用造成尽可能多的障碍,以抵制和缓和全球化的冲击。

总之,后现代范式以文化相对主义为基调,服务于其反全球化的价值选

---

① Pierre Legrand, "The Same and the Different", in: Pierre Legrand, Roderick Munday (eds.), *Comparative Legal Studies: Traditions and Transitions* (2003), Cambridge University Press, 2003, p. 248.

② [德]根特·弗兰肯伯格:《批判性比较:重新思考比较法》,贺卫方、王文娟译,见梁治平主编:《法律的文化解释》(增订本),生活·读书·新知三联书店1998年版,第223页。

③ [美]弗里德里希·K. 荣格:《法律选择与涉外司法》,霍政欣、徐妮娜译,北京大学出版社2007年版,第299页。

择。它与现代范式之间的根本分歧在于研究目标而不在于研究方法。因为"相似"或"差异"并非确定的属性,而是出于视角不同的判断。然而,在全球化和反全球化、法律统一和文化多样性的对立立场上却没有通融的余地,这种伦理的根本冲突使现代和后现代无法实现富有成效的对话。

第三节 在学科的发展逻辑上将反形式主义进路推向极致

从学科的发展逻辑看,后现代不是一种突然出现的断裂,它其实是将比较法学固有的反形式主义进路推向极致后产生的一种结果。形式主义(或法条主义)视法律为一个逻辑自足的概念体系,其基本的要素是机械的演绎推理和封闭的规则体系。据此,每个法律体系就是一个由国家疆界划定的自足和封闭的系统。形式主义由此与法律的本土化和民族化观念相连,显然不利于进行法律体系间的交流和比较。因此,破除形式主义法观念就成为现代比较法学的题中之义,动力来自它对独立学科地位的追求。

比较法最初以一门服务于国家立法的技艺起家,到20世纪初率先在欧洲成为一门体制化的法学分科。尽管随着知识和理论的积累,其学科地位已经得到确认,但是100多年来,它一直纠缠于"究竟是技艺还是学科"的争论而不能自拔。这个阴影困扰着每一代比较法学家,驱使他们致力于发展理论,尤其是比较法的认识论和方法论,以确立它作为一门贴有"科学"标签的法律学科的尊严。于是,随着人们对法律本质的认识逐步推进,比较法的研究范式也沿着反形式主义道路逐步走向精致化和理论化。

在第一个阶段的反形式化斗争中,批判对象是"规范比较法",这种方法受概念法学和实证主义法学的支配,把法律视为正式的条文(即"书本上的法")。批判者依据法社会学和现实主义法学,倡导研究法律的社会功能(即"行动中的法"),从而提出了"功能比较法"。然而,为了使该方法具有可操作性,前期的理论家做了折中处理,保留了实证主义因素,把比较对象集中于正式的规则和制度,以缩小该方法所要求的语境考察的范围。随着功能主义成为正统、它原来的革命性主张变成社会常识,后期的理论家试图借鉴新兴的学科理论为

第七章 研究范式的后现代转向及其限度

其注入活力。其中,意大利比较法学家萨科提出的"法律共振峰"学说以"结构—功能主义"为基础,从法律渊源角度拆解了传统功能主义暗含的普遍主义观念,使在比较中动态地考察多种多样且相互冲突的法律规则成为可能。该学说反映了现代比较法中最激进的反形式主义立场,其中已经包含了若干后现代气息。

第二个阶段的反形式化斗争在现代和后现代范式之间展开。现代范式由于集中于正式制度和忽视语境考察而遭到反对,后现代以反实证主义和反本质主义为前提,把法律理解为"语境中的法"(或"文化之法"),这样就将法律的意义彻底消解在文化和语境之中。法律再也没有任何独特性可言,而与各种语境(文化)融合在一起。这样,从"法律是具有自治性的实体,能够由其自身得到理解",到"法律不是自治的学问实体,需要从社会学、经济学、政治学等外部观点进行理解",再到"法律就是文化"或"法律就是政治",反形式主义进路被推向极致。

反形式主义造成的一个后果是,比较法越来越疏远实践而成为单纯的知识积累。早期的比较法主要用于国内法律改革和促进国际交流,从事这类工作的比较法学家同时也是积极的社会活动家,他们丝毫不掩饰他们的政治意图。后来,当比较法成为一门学科后,专业学者日益不满它的工具主义取向,他们开始努力转变这个研究领域,使其能享受由"科学"的崇高地位所带来的好处。同时,随着比较法学者大规模的跨国流动(尤其是二战期间大量欧陆学者流亡英美),以及该学科实践的重心由国内转向国际,比较法走向全面国际化,专业学者不再依附民族国家的政治权力,转而诉诸科学、中立、客观等假设为其研究提供正当性。[①]

在这种背景下,主流比较法学经历了一个明显的理论化和"去政治化"过程。几个里程碑式的研究清晰地反映了这一点:20世纪70年代,《比较法总论》把"获得科学性认识"视为比较法的主要目标,对其规范性面向则持较为谨慎的态度,而唯一给予肯定的是"对比较结果做出批判性评价",认为这是比较

[①] 当前并没有一个全球性政权能为国际统一法事业提供必要的政治基础,因此诸如《国际商事合同通则》和《欧洲合同法原则》这类"民间立法"只得以"科学"为号召、以"理性的权威"弥补政治基础的缺位。

过程的一个必要组成部分,否则就如同"积累了成堆的建筑石材,却摆在那里不予利用"。[①] 80年代,一批意大利比较法学者在萨科的领导下发表"特伦托观点(Theses of Trento)",明确提出比较法要远离与政治的合作,把追求纯粹的知识而不是自身实践作为其存在的正当理由。90年代,大型研究团队"欧洲私法共同核心项目"贯彻萨科的教导,宣称严守客观、中立和科学性立场,以揭示欧洲各私法体系中的共同方面,从"绘制地图"(实然、分析层面)而非"规划城市"的角度(应然、规范层面)为欧洲统一私法事业提供指南。这个趋向表明主流研究越来越偏向于描述、分析和解释,而回避判断、价值和规范问题。

后现代主义者则把上述倾向推到极致。他们指出,表面上客观、中立的主流研究仍然隐含着法律统一的政治目标。为了将这种批判贯彻到底,他们要求比较法完全脱离实践和舍弃规范性面向,成为一门彻底的非目的论学科。然而,这种做法在锐化其批判力的同时,也决定了后现代范式的发展限度。

第四节　效果上加剧了理论与实践之间的分裂

一方面,后现代为比较法学打开了一个独特的视角,促使人们对既定的研究模式进行审视和反思。另一方面,这类研究由于存在很多弱点而难以令人信服,比如:"法律文化"概念过于模糊;具有很强的"唯心"色彩,忽视物质性因素的重要作用;把"法律文化"这个建构性的研究对象实体化,并根据这种实体化了的差异从学理上得出不同法律文化无法沟通的结论,违背了普遍发生的文化交流和法律变迁的事实;等等。此外,它所持的保守主义、相对主义和反全球化立场也遭到普遍反对。最为重要的是,由于在方法论上存在致命缺陷,它未能推动比较法发生真正的变革,反而愈发加剧了该学科固有的理论与实践之间的分裂。

后现代长于破坏而短于建设,它在批判和拆解主流范式之后,没能提供一个实际可行且能与功能比较法的简明性一争高低的替代性方法。方法论创新在学科的变革和代际更替上是一个公认的标志。因此,尽管后现代富有批判

[①] [德]K·茨威格特、H·克茨:《比较法总论》,潘汉典等译,法律出版社2003年版,第69页。

第七章 研究范式的后现代转向及其限度

力,却没有形成一种凝聚性方法供其成员分享,借以把他们自己与主流学者区别开来。此外,后现代的主张对于获得更丰富和完善的知识而言固然值得称赞,然而其要求大都基于不现实的假定,把比较法事业变得非常不切实际,漫说法律实务者根本达不到,就连学者们自己也难以真正贯彻。结果,尽管后现代主义者通过诉诸法律的文化面向来挑战主流范式,却常常流于"只说不做",迄今还没有拿出像样的成果来支撑其主张,而是消极地退隐到文化上的孤立主义。

比较法实践要求研究者起码掌握一两门外语,了解相应的外国法律。"语境考察"尤其要求研究者要在具体的环境中考察被比较的法律现象,这意味着比较法本质上是一个跨学科领域,它严重依赖各种知识和经验调查。然而问题是,作为能力有限的个人,如何能够获得充足的外语、历史、社会学、经济学、政治学知识,如何能够充分了解另一个国家的法律实践、价值、态度和社会条件?这个难题必然导致研究者很难达到功能比较法的理论要求,遑论后现代的要求。因此,面对日益复杂的方法论,实践者越来越感到无奈,不得不降格以求。还有人为了避免后现代动摇其知识合理性的基础,甚至宣称要把他们从事的法律统一事业与一般的比较法区别开来。

令人玩味的是,真正给比较法带来声望的不是那些神智过度清明,从而麻痹了行动力的理论家们,而是那些敢于把比较法用于实践的部门法学者(非专业比较法学者)。他们并不墨守理论的教导,而根据其研究目标和主观能力,灵活地选择合适的方法,实用主义地做出决策。当前,运用比较法技术构造《欧洲民法典》的事业正在如火如荼地进行。在这项事业刚起步时,反对者的意见一度引起关注,此后很快就被淘汰出局。尽管其观点"政治正确"或伦理上值得同情,但是在强大的全球化面前,该崛起的照样崛起,该衰落的照样衰落。这个事实表明,学术并非存在于真空中,它的发展动力乃在于社会需要。作为一门实践性强的法律学科,比较法的诞生和繁荣尤其来源于重大法律事件造成的巨大需求,来源于其服务于实践的能力。因此,该学科的未来及其能够产生的影响力,主要取决于它具有何等的技巧与能量深入到现实世界中去。就此而论,后现代试图以漠视法律的规范性力量为代价来推进比较法学科,正像"拔着自己的头发想离开地球一样不可能",结果只是加剧了该学科内在的理论与实践之间的分裂,使其陷入一场前所未有的危机。

　　理论与实践的分裂首先造成了专业和非专业比较法学者之间的隔阂。前者因后者缺乏明确的方法论指导而视其为"半吊子",后者则因前者过于保守而无视其理论教导,彼此处于各自为政的状态。专业学者内部同样四分五裂:后现代尽管难以为继,却由于伦理上的根本对立而无法与现代进行调和。主流学者内部也意见不一:资深学者坚决反对比较法落入后现代手中,反对把它与实践世界分离开来;新一代则试图抛开伦理问题,从纯粹的方法论角度寻找出路——有的主张吸收后现代批判的合理成分,以克服功能比较法的缺陷;还有的试图综合现代和后现代各自的优势,而提出各种更加复杂和圆滑的折中方案,像变色龙一样随时为不同的要求变换颜色。这种分崩离析的局面使一向缺乏凝聚性的比较法学科变得更加支离破碎,成为它陷入危机的表征。

第八章 比较法学中的反形式主义进路

如何对具体的法律规范和制度进行比较是比较法学的中心议题。该学科的方法论正是在探讨这个议题的过程中逐步建立起来的。每一种方法论实际上都立足于对法律本质的特定理解,并且服务于它所追求的时代目标。于是,在关于法律本质的认识、比较法的追求目标和研究方法之间存在着一种内在联系,它们共同构成比较法学的研究范式。后者是学术大气候的产物,带有明显的以非法律学科为导向的色彩。如果以比较法学研究范式的动态变化为线索,可以发现,在该学科的发展史上始终贯穿着一条清晰的反形式主义进路。比较法学就是沿着这条进路逐渐孕育成型,并呈现出今天的发展形态和格局。

法律中的形式主义(亦称为法条主义)不是特指某种方法或学派,[1]而是泛指这样一种法观念或思想倾向,即强调逻辑方法在司法过程中的重要性。这种观念反映在实体法层面,就是(程度不同地)视法律为一个逻辑自足的概念体系,其基本要素是机械的演绎推理和封闭的规则体系,旨在以形式推理的严谨性来确保判决结果的实际准确性。[2] 据此,每个法律体系就是一个由国家疆域划定的自足和封闭的系统。形式主义由此与法律的本土化和民族化观念相

---

[1] "形式主义"尽管备受责难,却没有一个确切的定义。按照马克斯·韦伯对法律的区分,"形式"是指使用"法内标准"(即内在于法律制度中的决策标准);"实质"是指使用"法外标准",如诉诸道德、宗教或伦理的裁判。形式主义强调法律与政治的区分,其核心是形式优于实质,它不直接评估法律判决的实质价值,而是首先解释法律关系的内在组织原则。批评者视其为"法律形式能够脱离它们的社会背景而被理解的教条",认为它不能够理解它所表明的具体社会现实。

[2] 参见柯岚:《法律方法中的形式主义与反形式主义》,载《法律科学》2007年第2期。

关联，显然不利于进行法律制度间的交流和比较。因此，破除形式主义法观念就成为现代比较法学的题中之义，动力来自它对专业化和独立学科地位的追求。

然而，受制于某些因素，比较法学中的反形式主义并不是一次性完成的，而是表现出一定的渐进性。若以"研究范式"为分析工具，可以把整个反形式主义进程大致分为两个阶段——以社会学为导向的反形式主义和以人文学科（或后现代理论）为导向的反形式主义。每个阶段都把它之前的发展状态作为反对对象，力图消除其中包含的形式主义因素。这个过程表现为一个形式主义程度逐渐递减和非形式主义程度逐渐递增的连续谱，这个连续谱就是本书所言的"反形式主义进路"。这个进路日益突出了比较法作为一门理论性学科的维度，而减弱了它作为一门实践性学科的特质，结果造成了该学科理论和实践之间的分裂。

第一节 反形式主义的起点

反形式主义的起点或者反对对象，就是比较法学中的极端形式主义传统。该传统形成于19世纪下半叶在德国居于支配地位的概念法学和法律实证主义。当时，德国学者从对罗马法进行系统化的过程中培育出一种真正的法律科学——"概念法学"，自此掌握着世界法律智识的领导权，并顺理成章地开创了法学方法论和比较法学的方法论。

概念法学来源于康德的形式主义科学观。后者借助自然科学方法，强调范畴和一般原理在科学知识中的建构功能，以学说体系范畴的内在统一来确保科学真理。德国法学家把这种观念引入法律领域后促生了概念法学。他们通过对实体法（包括历史上的实体法资料罗马法）进行形式处理，建立起一套法律概念体系，认为法律就是由法律概念构成的法律规范所组成的一个包罗万象的封闭体系，法的适用就是在一套不食人间烟火的法律概念和命题之间进行的纯逻辑推演。

同时期，实证主义渗透到包括法律科学在内的各种社会科学。法律实证主义认为只有实在法（即国家确立的法律规范）才是法律，法律之外的一切因

第八章　比较法学中的反形式主义进路

素均不具有创造或改变法律的力量,从而将法学的任务限定在分析实在法律制度,而把各种道德、伦理、政治等实体价值排除在研究范围之外。

概念法学和法律实证主义都立足于相同的形式主义观念,坚信法律具有确定性和一致性、法律词语具有明确的含义,认为法律的正当性应该求助于自身的形式,法学应该关注概念的严谨性,应该通过形式主义实现理性和科学性,而不应该考虑各种法外的实质因素。它们都将理性主义和科学主义视为最高价值,认为矛盾的政治社会方案可以在这些价值面前得到不偏不倚和客观的判断。

以上两种法观念及其包含的一系列假设,诸如客观主义、科学主义、理性主义、法律的确定性和自治性等,奠定了法学的形式主义传统。这种传统进一步影响到比较法学的发展。首先,概念法学和法律实证主义激发和强化了民族主义法律观,使德国法学家的视野变得异常狭隘。德国完成法典编纂之后,他们更是将法学研究的焦点转移到本土法律秩序上,越来越把本国法"放在一个……封闭式的教条主义概念体系装置里面",[1]把它作为一个自给自足的法律体系加以专心致志的研究,同时鄙视或忽视其他国家和地区的法律,把法律的比较研究拒之门外。其次,受主流法观念的影响,比较法学的研究方法也染上了浓厚的形式主义色彩。这个阶段的研究对象被锁定为制定法,法律比较就是对不同国家的正式的规则、制度和程序(即"书本上的法")进行比较,法律背后的社会和经济因素一概遭到忽略。另外,在法律实践中,德国法学者曾在19世纪最后20年致力于准备《德国民法典》的制定,又在20世纪头15年对他们亲手缔造的民法典进行彻底的检查和研究,这进一步强化了其根深蒂固的以法律文本为中心的思考习惯。在此基础上形成的研究方法被称为"规范比较",或概念论、文本论、文本方法等。[2]受其制约,比较研究的范围限定于欧洲大陆各国的制定法,普通法与大陆法被认为形式差异太大而缺乏可比性。

由上可见,形式主义法观念从两个方面制约着比较法学的发展:从外部看,它塑造了不利于该学科发展的氛围;从内部看,它使比较法学的研究方法

---

[1] [德]K·茨威格特、H·克茨:《比较法总论》,潘汉典等译,法律出版社2003年版,第78页。
[2] 参见黄文艺:《论当代西方比较法学的发展》,载《比较法研究》2002年第1期。

从一开始就具有浓厚的形式性,导致其研究对象和研究范围都受到很大限制。这个特点与当时比较法学的追求目标有着密切的关联:这个阶段的比较法学依附于国内立法的需要,它主要是一门"技艺",旨在为本国法典编纂或者立法改革提供参考资料或者解决办法,因而与法律的国家化和民族化联系在一起,不可避免地带有本土性或地方性。这种状况显然无法满足后来的社会现实,因此首当其冲地成为第一波反形式主义运动的批判对象。

第二节 以社会学为导向的反形式主义

第一个阶段的反形式主义始于第一次世界大战后,持续到 20 世纪 80 年代。它以社会学为导向,主张在借鉴社会科学尤其是社会学的基础上研究法律制度的功能,目标是破除国家法律体系之间的形式差异以及法学的本土性与民族性,推动比较法学实现国际化和专业化。

一、社会条件的转变

以社会学为导向的反形式主义运动,起因于大气候下法观念的根本改变。19 世纪末 20 世纪初,利益法学、自由法学、法律社会学和法律现实主义以各种形式对概念法学和法律实证主义展开批判,试图粉碎各国建立的概念体系、高度精密的学说和教条结构,为人们对法律的认识提供了新思路。这些学派虽然各有自己的主张,但在如下观点上却取得了共识,即法律的目的是服务于人类的需要,因此法律科学的对象并不是法律的术语和概念,而是它们应当解决的生活问题;法是"社会工程",法律科学是社会科学。这些新认识否认法律是一种自治的学问实体,要求通过目标理解法律、以法律的社会效果判断它们的合理性,这种观念被称为"功能主义",它为比较法学新范式的产生提供了思想基础。

这一时期,西方国家间的商业联系愈加密切,国际化趋势日益增强,这种时代精神要求对国际法律规则,甚至是统一的法律规则有更好的认识。在国际联盟的推动下,西欧各主要国家争取法律统一和国际合作的巨大努力也取得了可喜成绩。在此形势下,西欧法学家们将私法的大规模统一作为事业理想,并对其实现的可能性怀着乐观信念。以此为背景,西方各主要国家的比较法学家参与了广泛意义上的反形式主义运动,试图将法学从"罕见的闭锁状态"中解放出来,使其从地方走向国际,为法律的国际一体化提供助力。不过,直到德国比较法学家拉贝尔提出一种全新的系统思考法律比较的方法——功能比较(或功能主义),促使比较法学的研究范式发生一场整体上的转变,反形式主义运动才真正落到该学科内部。

二、功能方法的反形式化因素

拉贝尔提出的功能主义包含两个要素——"功能"和"语境"。它们分别对应了任何一种比较方法都要解决的两个基本问题:一是比较什么,或者法律中的哪些因素具有可比性?二是如何进行比较?并且从各自的角度突破了概念主义和实证主义法观念的束缚。

"功能"针对的是可比性问题。拉贝尔认为,全世界的法律专家都使用极为不同的地方性概念来表述事实、指示法律后果,这些概念是偶然的和工具性的,它们并不解释一个外国法律制度事实上如何解决问题。如果围绕概念来分析它们所表述的规范和原则(即"书本上的法律"),就很容易掩盖而不是阐明法律职业者如何解释和适用这些规范和原则(即"行动中的法")。因此,对概念所表述的法律规范进行纯粹的语义分析本身没有多少意义,而要通过考察规范如何关联于具体的实际情形,来获得外国法律体系的相关信息。总之,有价值的比较针对的是法律规范的实际用途和适用情况,这就是比较法学意义上的"功能"。

功能主义由此超越了"规范比较"这个概念主义的研究方法,把关注焦点从法律规范和原则的外在形式,转向这些规范和原则实际上发挥的"功能",这被认为是真正具有可比性的因素,可用来充当"比较的基准"或"中立的参照物",即为比较研究构建的一个客观、中立和科学的概念性框架。这个转变打破了比较法学在研究范围上的限制。此前,人们认定只有法律结构和概念相似的法律制度才能进行比较,因而把研究范围局限于欧洲大陆的各个实在法体系。功能比较则主张,各种形式不同的法律规范和制度,只要功能相同,只要它们解决相同的社会问题或满足相同的社会需要,就可以进行比较。自此,比较法学挣脱了单纯的制定法的束缚,其研究范围理论上不再受到任何限制。

"语境"对应的是如何比较。拉贝尔提出,只有了解法律规范如何发挥功能,才可能对它们进行比较研究;而要了解它们如何发挥功能,就要把它们放在其法律、经济和文化的背景(语境)下进行考察。因此,欲了解一个法律体系如何处理某个具体问题,并由此获得有意义的比较,就要考察相关法律规范所处的整个背景,分析所有的影响性因素,而这在范围上没有边界。[①] "语境"要素因此突破了法律实证主义的限制,使比较研究的关注点不再是纯粹的实在法,而是扩大到一切关联性因素。

在语境中考察被比较的法律的功能,亦即研究"行动中的法"(或"社会中的法"),意味着法律的内容不能由其自身、简单地作为法律来理解。换言之,法律不是自主性学科,它的研究要依附于非法律学科的研究。因此,比较法学本质上就是一个跨学科研究,它严重依赖各种知识和经验调查;如果缺乏有关法律规范的来源的知识,诸如它们的政治、社会和经济目标、它们的运作环境、法律职业的作用、法院系统的运转情况等,就不可能充分理解它们。随之而来的问题是,一个人如何获得充足的外语、历史、社会学、经济学、政治学知识,如何充分了解另一个国家的法律实践、价值、态度和社会条件?

于是,"如何在实践中进行语境分析"就成为功能主义的最大难题,它从一开始就在该方法的理论和实际运用之间造成了一道巨大的裂缝。为了填补这道裂缝,后来的功能主义理论家不得不做出妥协,因而在方法论上保留了某些形式主义成分。

三、形式化因素的保留

第二次世界大战后,随着比较法学者大规模的跨国流动(尤其是二战期间大量犹太裔欧陆法学家流亡美国),以及该学科实践的重心由国内转向国际,比较法学走向全面国际化,专业学者不再依附于民族国家的政治权力,转而诉诸科学、中立、客观等假设为其研究提供正当性。基于这种需要,二战后的比

[①] 参见 David J. Gerber, "Sculpting the Agenda of Comparative Law: Ernst Rabel and the Facade of Language", in: Annelise Riles (ed.), *Rethinking the Masters of Comparative Law* (2001), Hart Publishing, p. 200。

较法学家发展和完善了功能主义。他们的首要任务是，把拉贝尔提出的方法论创见转化为一种切实可行的方法，用于日常研究。其中，德国比较法学家茨威格特和克茨所做的系统化阐述最有代表性，经由他们，功能主义成为比较法学最深入人心的研究方法。

为了使功能主义具有可操作性，茨威格特和克茨提出三个理论假设，来缩小该方法所要求的语境分析的范围。[①] 首先，从功能角度把法律视为调节人类行为、回应社会需要（问题）的工具，从而把"社会问题"与"解决办法"（即法律的功能）勾连起来，建立起一种"社会问题—解决办法的进路"。据此，研究者可以选择一个特定的实际问题作为比较的出发点，在各种法律体系中找到被（法律概念的）形式差异掩盖的功能对应物。其次，法律制度的实际功能是社会学上的问题，然而为了避免就此做大规模的经验调查，茨威格特和克茨提出，各个法律秩序所要解决的问题都是相似甚至相同的；换言之，各国法律具有类似的功能并且执行类似的任务。最后是著名的"类似的推定"，认为各个法律秩序倾向于以相同方式解决实际问题——"各种不同的法律秩序，尽管在其历史发展、体系和理论的构成及其实际适用的方式上完全不同，但是对同样的生活问题——甚至在细节上，都采用了相同或者非常相似的解决办法。"[②]

这三个假设把语境因素限制在一个适当的范围内，使比较法学者能够在熟悉的法律框架中考察社会问题及其解决办法，而不必冒险进入其他学科领域。这样，研究者就能够作为一个法律人，而不必同时像一个社会学家、人类学家、经济学家或者政治学家那样进行几乎漫无边际的语境考察。

然而，这些假设在增加功能主义的可操作性的同时，保留甚至添加了很多形式主义因素。具体表现在：其一，维护关于科学性和客观性的假设，把"功能"确立为评价法律合理性的新标准。其二，维持法律实证主义立场，仍然关注正式的法律规范和制度，对非正式制度缺乏敏感性。其三，为了保证"类似的推定"的准确性，把功能主义的适用范围限定在技术性较强的私法领域（主

[①] 参见 Oliver Brand, "Conceptual Comparisons: Towards a Coherent Methodology of Comparative Legal Studies", in: *Brooklyn Journal of International Law* (2007), vol. 32, pp. 409 - 410。

[②] ［德］K·茨威格特、H·克茨：《比较法总论》，潘汉典等译，法律出版社 2003 年版，第 54 页。

要是债法),而把受道德和价值观强烈影响的其他私法领域(例如财产法、家庭法)和广泛的公法领域排除在外,从而把法律降为一种解决冲突的刻板技术。其四,用功能关联性引导研究,降低了问题的复杂性;"类似的推定"尤其排除了法律体系之间的根本差异。这些形式化做法隐含着一种普遍主义观念,倾向于突出法律体系之间的共性,而且必然导出各国法律将逐渐趋于同化的理论,从而为实现法律的普遍化和统一化提供了正当依据。

20 世纪 80 年代以后,随着功能主义成为主导研究方法、它原来的革命性主张变成社会常识,后期的功能主义理论家试图借鉴新兴的学科理论为其注入活力。其中,意大利比较法学家萨科提出的"法律共振峰"学说,借助社会学的结构主义理论,对功能主义所要求的语境分析进行了有益的尝试。[①] 他从法律渊源角度拆解了传统功能主义暗含的普遍主义观念,使在比较中动态地考察多种多样且相互冲突的法律规则成为可能。该学说反映了主流比较法学中最激进的反形式主义立场,其中已经包含了若干后现代气息。不过,它仍然以法律规则为分析本位,仍然坚持"实然"和"应然"的区分以及法律实证主义立场,[②] 这使它本质上不同于后来的反形式主义斗争。

第三节 以人文学科为导向的反形式主义

一、新形式主义的勃兴以及后现代的"逆势挑战"

20 世纪 90 年代以后,无所不在的全球化使比较法学经历了一次复兴,动力主要来源于全球化造成的三类法律事件:一是东欧及其他地区正在经历的法制转型;二是经济全球化带来的对国际统一法的需求;三是伴随着欧洲一体化进程而发生的欧盟民法一体化运动。这三类法律事件都需要比较法学者作为法律顾问和专家参与其中,功能主义则成为各种官方和非官方"造法者"手

---

① Rodolfo Sacco, "Legal Formants: A Dynamic Approach to Comparative Law", in: *The American Journal of Comparative Law* (1991), vol. 39, pp. 1-34, 343-401.

② 参见 Ugo Mattei, "The Comparative Jurisprudence of Schlesinger and Sacco: A Study in Legal Influence", in: Annelise Riles (ed.), *Rethinking the Masters of Comparative Law* (2001), Hart Publishing, pp. 253-254.

第八章　比较法学中的反形式主义进路

中的利器,不仅在转型国家的新法典编纂中得到广泛运用,贯穿在国际统一法事业中(例如《国际商事合同通则》),而且还渗透于持续进行了30年的欧盟民法法典化运动中。

尤其在后两类事业中,来自欧洲的比较法学者试图通过创造一套新的事实性概念来超越各民族国家的法律体系,并运用法典编纂手段在国际和欧盟层面上统一相关领域的私法。这种新概念主义和实证主义做法在欧洲大陆掀起了一股新形式主义浪潮,使比较法学科焕发出强劲的生命力,其形象随之发生了很大变化——它再也不是偏安一隅、带有"灰姑娘情结"的边缘角色,而成为一门充满雄心、积极参与实践并且富有声望的热门学科,其发展势头和产生的影响更是前所未有。[1]

与此同时,全球化造成的普遍冲击力激起了抵制它的反向运动,反全球化论者认为它危及了宝贵的地方性价值和文化传统,因此对它展开彻底的批判和反思。他们在比较法学中的表现就是借用各种后现代理论,对支持和参与全球治理的主流范式发动一场"逆势挑战"。换言之,后现代主义者的一切理论和主张就是为了和主流研究"对着干",挑战已确立的思想及其必然性假设,并通过发展一套精细而复杂的理论,给比较法学的规范性运用造成尽可能多的障碍,以抵制和缓和全球化的冲击。

后现代抛弃传统的借自社会科学的理论和研究前提,而支持人文学科理论,尤其是文学理论及其后来的变种"文化研究"。依据理论来源,它有两个清晰可辨的分支:一个是"批判性法律比较",以德国比较法学家弗兰肯伯格为代表。该分支是比较法学与"批判法学"相结合的产物,试图用政治解释学的方法取代法律实证主义立场,以揭示法律的政治性和意识形态特性。另一个是"新浪漫主义/解释学",以巴黎第一大学法学教授勒康为代表。该分支主要吸收了浪漫主义传统中的"民族精神"观念和现代解释学理论,强烈反对任何形式的普遍主义观念,主张比较法学应该关注法律文化的特殊性。

---

[1] 参见 Mathias Reimann, "The Progress and Failure of Comparative Law in the Second Half of the Twentieth Century", in: *The American Journal of Comparative Law* (2002), vol. 50, pp. 679 - 680。

在上述知识观的支配下,后现代主义者对主流研究展开批判,试图清除其中残留的形式主义因素,并对比较法学进行重新定位。这次反形式主义斗争涉及全球化与反全球化立场之间的根本对立,主要表现在两个相互关联的方面:研究目标上,要求舍弃比较法学的规范性面向,从实践转向认知;研究方法上,反对形式主义法观念导致的普遍主义,要求从偏好法律体系之间的"共性"转向突出它们之间的"特殊性"。

二、研究目标上的反形式主义

研究目标上的反形式主义根源于后现代主义者对全球化异化后果的恐惧。他们通过揭示和批判主流研究中隐藏的意义、主旨和霸权性特征,试图清除残留的形式主义因素以及立足于其上的规范性面向。这方面影响较大的批判者有弗兰肯伯格和勒康。前者主要针对西方强国向发展中国家输出法律而展开批判;后者则指向目前正在进行的欧盟民法法典化运动以及其他国际统一法事业。这些都是法律全球化的突出表现。(详细情况,参见第七章的相关内容,兹不赘述。)

三、研究方法上的反形式主义

后现代主义表现出一种特殊的人文思维逻辑,它试图转变科学主义的思维方式,反对理性主义、基础主义和普遍主义观念,而重视对象的差异与多样性。与此相关联,研究方法上的反形式主义,重在批判功能主义对理性、科学性和确定性的承诺,尤其是它暗含的普遍主义观念,要求比较法学从偏好"共性"转向突出"特殊性"。这种主张根源于全球化和反全球化、法律统一和文化多样性之间的根本对立——突出"共性"本质上与统一化和普遍化相联系,从而为全球治理和法律统一的理想图景提供基础;强调"特殊性"则与地方性和多样性相联系,从而为保护民族文化和国家主权的运作提供根据。

后现代主义者指出,功能主义在穿透法律的形式化外壳方面只取得了有限的成功,"功能"不过是法律表象的另一个层面,它把历史文化因素人为地从分析框架中排除出去,从而缺乏辨析差异的能力。"相似性假定"尤其妨碍研究者深入探索法律体系之间的根本的,甚至不可调和的差异。然而,"拒绝差异就是拒绝承认构成个体本身的特殊性,在这个意义上,它就是掩盖和抹杀个性"。① 在后现代主义者眼中,功能主义是"一种有意压制差异的思维方式。它以使法律成为人类优秀智力成果的理想为代价,而在其中追求一种普遍意义"。② 它"所宣称的普遍意义缺乏证据支撑,并具有这样的危险——极易把统一性错误地强加在社会现实的多样性之上"。③(具体论述,参见第七章的相关内容,兹不赘述。)

后现代主义者把法律理解为"政治"、理解为"语境中的法"或"文化之法",强调多样性和差异性,由此把法律的意义彻底消解在文化和语境之中。法律再也没有任何独特性可言,而与各种语境(文化)融合在一起。比较法学的规范性和实践性基础不复存在,反形式主义进路由此被推向极致。

第四节 反形式主义的效果

比较法学的一些基本命题都与该学科的"出身"息息相关,这是理解反形式主义进路的关键。该学科最初以一种服务于国家立法的技艺起家,到 20 世纪初率先在欧洲成为一门体制化的法学分科。尽管随着知识和理论的积累,其学科地位已经得到确认,但是 100 多年来,它一直纠缠于"究竟是一门技艺还是学科"的争论而不能自拔。这个阴影困扰着每一代比较法学家,驱使他们致力于发展理论,尤其是比较法学的认识论和方法论,以确立它作为一门贴有"科学"标签的法律学科的尊严。于是,随着人们对法律本质的认识逐步推进,比较法学也沿着反形式主义进路逐步走向精致化和理论化(参见表1)。

---

① Vivian G. Curran, "Cultural Immersion, Difference and Categories in U. S. Comparative Law", in: *The American Journal of Comparative Law* (1998), vol. 46, p. 67.

② George P. Fletcher, "Comparative Law as a Subversive Discipline", in: *The American Journal of Comparative Law* (1998), vol. 46, p. 694.

③ Pierre Legrand, "The Same and the Different", in: Pierre Legrand, Roderick Munday (eds.), *Comparative Legal Studies: Traditions and Transitions* (2003), Cambridge University Press, p. 293.

表1 反形式主义进路逐步走向精致化、理论化

	反形式主义的起点	第一次反形式主义	第二次反形式主义
对法律本质的认识	法律就是法律(实在法)	"行动中的法"而非"书本上的法"	法律就是政治；法律就是文化
合理性依据和潜在目标	法内标准；国家立法，完全的工具主义取向	以"功能"为合理性根据；国际法律统一，趋于淡化的工具主义取向	合理性根据不复存在；反全球化，纯粹认知
学科导向	以自然科学为导向，维护法学的自治性	以社会科学为导向，跨学科研究，国际化的法律科学	以人文学科为导向，多学科视角，学科界限完全消除
研究方法	规范比较	功能比较	批判性比较，文化比较

这种做法产生了两个比较明显的结果，形成了当今比较法学的发展形态和格局。

其一，比较法学越来越疏远实践而成为单纯的知识积累。从前文所述可见，反形式主义进路循着如下范式而推进：认识论上，从"法律就是法律""法律是具有自治性的实体，能够由其自身得到理解"，到"法律不是自治的学问实体，需要从社会学、经济学、政治学等外部观点进行理解"，再到"法律就是文化"或"法律就是政治"，法律的自治性被逐渐消解，成为其他知识体的附着物；研究目标和方法上，从服务于国家立法的规范比较，到为国际化法律实践提供客观依据的功能主义，再到致力于对抗全球化的"批判性比较"和"文化比较"，比较法学的实践性和规范性趋于淡化，理论化和非工具化取向逐渐增强。

几个标志性研究清晰地反映了这个变化过程：一是20世纪30年代，拉贝尔将功能主义用于解决实际问题，尤其是用于"统一国际货物买卖法"的筹备工作。这时期的比较法学家同时也是积极的社会活动家，他们丝毫不掩饰他们的政治意图。二是70年代，茨威格特和克茨开始把"获得科学性认识"视为比较法学的主要目标，对其规范性面向则持较为谨慎的态度，唯一给予肯定的是"对比较结果做出批判性评价"，认为这是比较过程的一个必要组成部分，否

第八章　比较法学中的反形式主义进路

则就如同"积累了成堆的建筑石材,却摆在那里不予利用"。① 三是80年代,一批意大利比较法学者在萨科的领导下发表宣言,明确提出比较法要远离与政治的合作,把追求纯粹的知识而不是自身实践作为其存在的正当理由。② 四是90年代,大型研究团队"欧洲私法共同核心项目"贯彻萨科的教导,宣称严守客观、中立和科学性立场,以揭示欧洲各私法体系中的共同方面,从"绘制地图"(实然、分析层面)而非"规划城市"的角度(应然、规范层面)为欧洲统一私法事业提供指南。③ 这个趋向表明主流研究越来越偏向于描述、分析和解释,而回避判断、价值和规范问题。后现代主义者则把这种倾向推到极致。他们指出,表面上客观、中立的主流研究仍然隐含着法律统一的政治目标。为了将这种批判贯彻到底,他们要求比较法学完全脱离实践和舍弃规范性面向,成为一门彻底的非目的论学科。

其二,理论与实践的分裂加剧了比较法学的分化状态。一方面,该学科的理论化和非工具主义取向使从事跨国法律实践的人越来越感到无奈,他们面对日益复杂的理论,不得不降格以求,对理论家们提供的方法进行选择性使用;还有人为了避免后现代主义动摇其知识合理性的基础,甚至宣称要把他们从事的法律统一事业与一般的比较法学区别开来。④ 另一方面,全球化背景下的法律比较实践变得非常多样化、完善化,但是该领域的理论发展却没有为法律实践提供足够的智力支持。⑤ 后现代主义者更是罔顾这个事实,一味坚持学术的纯粹主义,把比较法学变得非常不切实际,他们提出的苛刻要求,不要说法律实务者根本达不到,就连他们自己也难以真正贯彻。结果,他们常常流于

---

① [德]K·茨威格特、H·克茨:《比较法总论》,潘汉典等译,法律出版社2003版,第69页。
② 参见 Elisabetta Grande, "Development of Comparative Law in Italy", in: Mathias Reimann, Reinhard Zimmermann (eds.), *The Oxford Handbook of Comparative Law* (2006), Oxford University Press, pp. 117-118。
③ 参见 Mauro Bussani, Ugo Mattei, "The Common Core Approach to European Private Law", in: *Columbia Journal of European Law* (1997), vol. 3, pp. 339-356。
④ 参见 Christian von Bar, "Comparative Law of Obligations: Methodology and Epistemology", in: Mark van Hoecke (ed.), *Epistemology and Methodology of Comparative Law* (2004), Hart Publishing, p. 131。
⑤ 参见[英]威廉·退宁:《全球化与法律理论》,钱向阳译,中国大百科全书出版社2009年版,第328页。

"只说不做",迄今还没有拿出像样的成果来支撑其主张,而是消极地退隐到文化上的孤立主义。

理论与实践的分裂造成了专业和非专业比较法学者之间的隔阂。前者因后者缺乏明确的方法论指导而视其为"半吊子";后者则因前者过于保守而无视其理论教导,致使彼此处于各自为政的状态。这种局面使原本缺乏凝聚性的比较法学科变得更加碎片化。然而,目前真正给比较法学科带来声望的不是那些神智过度清明的理论家们,而恰恰是那些积极从事法律比较实践的非专业学者。这个事实说明,学术并非存在于真空中,其发展动力乃在于社会需要。作为一门实践性较强的法律学科,比较法学的繁荣尤其来源于重大法律事件造成的巨大需求,来源于其服务实践的能力。因此,理论建设如何兼顾现实需要,是未来比较法学科必须解决的一个难题。

理论与实践之间的分裂反映了比较法学作为应用学科与作为纯粹学科之间的紧张关系。这种关系也普遍存在于其他法律分科中,反映了法学作为一种实践智慧的现实与其欲成为一门能享有"科学"地位的理论学科的理想之间的永恒冲突。而今,面对学术中爆发的虚无主义以及法学方法论困境,人们开始反思形式主义的价值,以期重建法律的自治性。[①] 这些动向有望缓解比较法学中反形式主义进路产生的负面效应。

[①] 这方面的代表作,参见[加拿大]欧内斯特·J·温里布:《私法的理念》,徐爱国译,北京大学出版社2007年版。

主要参考文献

一、中文文献

1. ［德］K·茨威格特、H·克茨：《比较法总论》，潘汉典等译，法律出版社2003年版。
2. ［德］彼得·施莱希特里姆：《〈联合国国际货物销售合同公约〉评释》，李慧妮编译，北京大学出版社2006年版。
3. ［德］伯恩哈德·格罗斯菲尔德：《比较法的力量和弱点》，孙世彦、姚建宗译，清华大学出版社2002年版。
4. ［德］弗里德里希·卡尔·冯·萨维尼：《论立法与法学的当代使命》，许章润译，中国法制出版社2001年版。
5. ［德］根特·弗兰肯伯格：《批判性比较：重新思考比较法》，贺卫方、王文娟译，载梁治平主编：《法律的文化解释》（增订本），生活·读书·新知三联书店1998年版。
6. ［德］克雷斯蒂安·冯·巴尔：《欧洲比较侵权行为法》（上卷），张新宝译，法律出版社2001年版。
7. ［德］莱因哈德·齐默曼、［英］西蒙·惠特克主编：《欧洲合同法中的诚信原则》，丁广宇等译，法律出版社2005年版。
8. ［法］勒内·达维德：《当代主要法律体系》，漆竹生译，上海译文出版社1984年版。
9. ［美］E·博登海默：《法理学：法律哲学与法律方法》，邓正来译，中国政法大学出版社1999年版。

10. ［美］道格拉斯·凯尔纳、斯蒂文·贝斯特：《后现代理论：批判性的质疑》，张志斌译，中央编译出版社 1999 年版。

11. ［美］弗里德里希·K. 荣格：《法律选择与涉外司法》，霍政欣、徐妮娜译，北京大学出版社 2007 版。

12. ［美］理查德·A·波斯纳：《法律的经济分析》（上册），蒋兆康译，中国大百科全书出版社 1997 年版。

13. ［美］乌戈·马太：《比较法律经济学》，沈宗灵译，北京大学出版社 2005 年版。

14. ［日］大木雅夫：《比较法》，范愉译，法律出版社 1999 年版。

15. ［英］施米托夫：《比较法律科学》，韩光明译，载《比较法研究》2001 年第 4 期。

16. ［英］威廉·退宁：《全球化与法律理论》，钱向阳译，中国大百科　全书出版社 2009 年版。

17. 程建英：《德国马普协会外国及国际私法研究所介绍》，载《比较法研究》1993 年第 2 期。

18. 何勤华：《法律文化史论》，法律出版社 1998 年版。

19. 何勤华：《西方法学史》，中国政法大学出版社 1996 年版。

20. 何勤华：《战后西方比较法研究的新发展》，载《上海法学研究》1993 年第 4 期。

21. 黄文艺：《论当代西方比较法学的发展》，载《比较法研究》2002 年第 1 期。

22. 江平主编：《比较法在中国》（第一卷），法律出版社 2001 年版。

23. 鲁楠：《全球化时代比较法的优势与缺陷》，载《中国法学》2014 年第 1 期。

24. 沈宗灵、王晨光编：《比较法学的新动向》，北京大学出版社 1993 年版。

25. 沈宗灵：《比较法研究》，北京大学出版社 1998 年版。

二、外文文献

1. Alexander G. Chloros, "Principle, Reason, and Policy in the Development of European Law", in: *International and Comparative Law Quarterly* (1968), vol. 17.

2. Ana M. Lopez-Rodriguez, "Towards a European Civil Code Without a Common European Legal Culture? The Link Between Law, Language and Culture", in: *Brooklyn Journal of International Law* (2004), vol. 29.

3. Anne Peters, Heiner Schwenke, "Comparative Law Beyond Post-Modernist", in: *International and Comparative Law Quarterly* (2000), vol. 49.

4. Annelise Riles, "Wigmore's Treasure Box: Comparative Law in the Era of Information", in: *Harvard International Law Journal* (1999), vol. 40.

5. Arthur Hartkamp, et al. (eds.), *Towards a European Civil Code* (1998), 2nd ed., Kluwer Law International.

6. Basil Markesinis, "Comparative Law: A Subject in Search of an Audience", in: *The Modern Law Review* (1990), vol. 53.

7. Bernhard Grossfeld, "Comparative Law: Geography and Law", in: *Michigan Law Review* (1984), vol. 82.

8. Bernhard Grossfeld, "Global Accounting: Where Internet Meets Geography", in: *The American Journal of Comparative Law* (2000), vol. 48.

9. Bernhard Grossfeld, "Patterns of Order in Comparative Law: Discovering and Decoding Invisible Powers", in: *Texas International Law Journal* (2003), vol. 38.

10. Brenda Crossman, "Turning the Gaze Back on Itself: Comparative Law, Feminist Legal Studies, and the Postcolonial Project", in: *Utah Law Review* (1997).

11. Christian von Bar, "From Principles to Codification: Prospects for European Private Law", in: *Columbia Journal of European Law* (2002), vol. 8.

12. Christian von Bar, "Comparative Law of Obligations: Methodology and

Epistemology", in: Mark van Hoeche (ed.), *Epistemology and Methodology of Comparative Law* (2004), Hart Publishing.

13. Christopher Osakwe, "Recent Development: An Introduction to Comparative Law", in: *Tulane Law Review* (1988), vol. 62.

14. Daniela Caruso, "The Missing View of the Cathedral: The Private Law Paradigm of European Legal Integration", in: *European Law Journal* (1997), vol. 3.

15. David J. Gerber, "Sculpting the Agenda of Comparative Law: Ernst Rabel and the Facade of Language", in: Annelise Riles (ed.), *Rethinking the Masters of Comparative Law* (2001), Hart Publishing.

16. David S. Clark, "Centennial World Congress on Comparative Law: Nothing New in 2000? Comparative Law in 1900 and Today", in: *Tulane Law Review* (2001), vol. 75.

17. Elisabetta Grande, "Development of Comparative Law in Italy", in: Mathias Reimann, Reinhard Zimmermann (eds.), *The Oxford Handbook of Comparative Law* (2006), Oxford University Press.

18. European Parliament, "Harmonization of Private Law: Resolution on The Harmonization of Certain Sectors of the Private Law of the Member States", in: *Official Journal of the European Union C 205* (1994), vol. 37.

19. Francis Snyder, "The Effective of European Community Law: Institution, Processes, Tools and Techniques", in: *Modern Law Review* (1993), vol. 56.

20. George P. Fletcher, "Comparative Law as a Subversive Discipline", in: *The American Journal of Comparative Law* (1998), vol. 46.

21. Günter Frankenberg, "Stranger than Paradise: Identity & Politics in Comparative Law", in: *Utah Law Review* (1997).

22. Gunther A. Weiss, "The Enchantment of Codification in the Common-Law World", in: *Yale Journal of International Law* (2000), vol. 25.

23. Hein Kötz, "Comparative Law in Germany Today", in: *Revue Internationale de Droit Comparé* (1999), vol. 51.
24. Hugh Beale, "The European Civil Code Movement and the European Union's Common Frame of Reference", in: *Legal Information Management* (2006), vol. 6.
25. Ingeborg Schwenzer, "Development of Comparative Law in Germany, Switzerland, and Austria", in: Mathias Reimann, Reinhard Zimmermann (eds.), *The Oxford Handbook of Comparative Law* (2006), Oxford University Press.
26. Jaakko Husa, "Farewell to Functionalism or Methodological Tolerance?", in: *Rabels Zeitschrift für ausländisches und internationales Privatrecht* (2003), vol. 67.
27. Jaakko Husa, "Methodology of Comparative Law Today: From Paradoxes to Flexibility?", in: *Revue Internationale de Droit Comparé* (2006), vol. 58.
28. Jaakko Husa, "About the Methodology of Comparative Law—Some Comments Concerning the Wonderland", Maastricht Faculty of Law (2007).
29. James Q. Whitman, "The Neo-Romantic Turn", in: Pierre Legrand, Roderick Munday (eds.), *Comparative Legal Studies: Traditions and Transitions* (2003), Cambridge University Press.
30. J. H. M. van Erp, "European Private Law: Postmodern Dilemmas and Choices—Towards Method of Adequate Comparative Legal Analysis", in: *Electronic Journal of Comparative Law* (1999), vol. 3.
31. Joachim Rückert, "The Unrecognized Legacy: Savigny's Influence on German Jurisprudence After 1900", in: *The American Journal of Comparative Law* (1989), vol. 37.
32. Klaus P. Berger, "Harmonisation of European Contract Law: The Influence of Comparative Law", in: *International and Comparative*

Law Quarterly (2001), vol. 50.

33. Konrad Zweigert, Hein Kötz, *An Introduction to Comparative Law* (1998), Tony Weir (trans.), 3rd ed., Clarendon Press.
34. Kyle Graham, "The Refugee Jurist and American Law Schools, 1933 – 1941", in: *The American Journal of Comparative Law* (2002), vol. 50.
35. Louis F. Del Duca, "Developing Global Transnational Harmonization Procedures for the Twenty-first Century: the Accelerating Pace of Common and Civil Law Convergence", in: *Texas International Law Journal* (2007), vol. 42.
36. Mark Van Hoecke, Mark Warrington, "Legal Cultures, Legal Paradigms and Legal Doctrine: Toward a New Model for Comparative Law", in: *International and Comparative Law Quarterly* (1998), vol. 47.
37. Markku Kiikeri, *Comparative Legal Reasoning and European Law* (2001), Kluwer Academic Publishers.
38. Martijn W. Hesselink, "The Politics of a European Civil Code", in: *European Law Journal* (2004), vol. 10.
39. Mary A. Glendon, et al., *Comparative Legal Traditions* (1999), 2nd ed., West Group.
40. Mathias Reimann, "Stepping Out of European Shadow: Why Comparative Law in the United States Must Develop Its Own Agenda", in: *The American Journal of Comparative Law* (1998), vol. 46.
41. Mathias Reimann, "The Progress and Failure of Comparative Law in the Second Half of the Twentieth Century", in: *The American Journal of Comparative Law* (2002), vol. 50.
42. Mauro Bussani, Ugo Mattei, "The Common Core Approach to European Private Law", in: *Columbia Journal of European Law* (1997), vol. 3.
43. Mel Kenny, "Constructing a European Civil Code: Quis Custodiet Ipsos

Custodes?", in: *Columbia Journal of European Law* (2006), vol. 12.

44. Michele Graziadei, "The Functionlist Heritage", in: Pierre Legrand, Roderick Munday (eds.), *Comparative Legal Studies: Traditions and Transitions* (2003), Cambridge University Press.

45. Ole Lando, "CISG and Its Follows: A Proposal to Adopt Some International Principles of Contract Law", in: *The American Journal of Comparative Law* (2005), vol. 53.

46. Oliver Brand, "Conceptual Comparisons: Towards a Coherent Methodology of Comparative Legal Studies", in: *Brooklyn Journal of International Law* (2007), vol. 32.

47. Pierre Legrand, "European Legal Systems Are Not Converging", in: *International and Comparative Law Quarterly* (1996), vol. 45.

48. Pierre Legrand, "Against a European Civil Code", in: *Modern Law Review* (1997), vol. 60.

49. Pierre Legrand, "Codification and the Politics of Exclusion: A Challenge for Comparativists", in: *U.C. Davis Law Review* (1998), vol. 31.

50. Pierre Legrand, "The Same and the Different", in: Pierre Legrand, Roderick Munday (eds.), *Comparative Legal Studies: Traditions and Transitions* (2003), Cambridge University Press.

51. Ralf Michaels, "The Functional Method of Comparative Law", in: Mathias Reimann, Reinhard Zimmermann (eds.), *The Oxford Handbook of Comparative Law* (2006), Oxford University Press.

52. Reinhard Zimmermann, "Savigny's Legacy: Legal History, Comparative Law, and the Emergence of a European Legal Science", in: *The Law Quarterly Review* (1996), vol. 112.

53. Rodolfo Sacco, "Legal Formants: A Dynamic Approach to Comparative Law", in: *The American Journal of Comparative Law* (1991), vol. 39.

54. Roscoe Pound, "Comparative Law in Space and Time", in: *The*

American Journal of Comparative Law (1955), vol. 4.

55. Rudolf B. Schlesinger (ed.), *Formation of Contracts: A Study of the Common Core of Legal Systems* (1968), Dobbs Ferry.

56. Rudolf B. Schlesinger, et al. (eds.), *Comparative Law: Cases, Texts and Materials* (1988), 5th ed., Foundation Press.

57. Thomas M. J. Mollers, "The Role of Law in European Integration", in: *The American Journal of Comparative Law* (2000), vol. 48.

58. Ugo Mattei, "Why the Wind Changed: Intellectual Leadership in Western Law", in: *The American Journal of Comparative Law* (1994), vol. 42.

59. Ugo Mattei, "An Opportunity Not to Be Missed: The Future of Comparative Law in the United States", in: *The American Journal of Comparative Law* (1998), vol. 46.

60. Ugo Mattei, "The Comparative Jurisprudence of Schlesinger and Sacco: A Study in Legal Influence", in: Annelise Riles (ed.), *Rethinking the Masters of Comparative Law* (2001), Hart Publishing.

61. Ulrich Drobnig, "Unified Private Law for the European Internal Market", in: *Dickinson Law Review* (2001), vol. 106.

62. Vernon V. Palmer, "From Lerotholi to Lando: Some Examples of Comparative Law Methodology", in: *The American Journal of Comparative Law* (2005), vol. 53.

63. Vivian G. Curran, "Cultural Immersion, Difference and Categories in U. S. Comparative Law", in: *The American Journal of Comparative Law* (1998), vol. 46.

64. Vivian G. Curran, "Book Reviews: Kernfragen der Rechtsvergleichung. By Bernhard Großfeld", in: *The American Journal of Comparative Law* (1999), vol. 47.

65. Walter Hallstein, "Angleichung des Privat-und Prozeßrechts in der europäischen Wirtschaftsgemeinschaft", in: *RabelsZ* (1964), vol. 28.

66. Walter van Gerven, "Casebooks for the Common Law of Europe: Presentation of the Project", in: *European Review of Private Law* (1996), vol. 4.

67. Walther Hug, "The History of Comparative Law", in: *Harvard Law Review* (1931), vol. 45.

68. William Ewald, "Comparative Jurisprudence (Ⅰ): What Was It Like to Try a Rat?", in: *University of Pennsylvania Law Review* (1995), vol. 143.

图书在版编目(CIP)数据

德国比较法学研究：历史与方法论 / 朱淑丽著. ——上海：上海社会科学院出版社，2023
ISBN 978 - 7 - 5520 - 4271 - 9

Ⅰ.①德… Ⅱ.①朱… Ⅲ.①比较法学—研究—德国 Ⅳ.①D951.6

中国国家版本馆CIP数据核字(2023)第224997号

德国比较法学研究：历史与方法论

著　　者：朱淑丽
责任编辑：赵秋蕙
封面设计：黄婧昉
出版发行：上海社会科学院出版社
　　　　　上海顺昌路622号　邮编200025
　　　　　电话总机 021 - 63315947　销售热线 021 - 53063735
　　　　　http://www.sassp.cn　E-mail:sassp@sassp.cn
排　　版：南京展望文化发展有限公司
印　　刷：上海万卷印刷股份有限公司
开　　本：710毫米×1010毫米　1/16
印　　张：11
字　　数：171千
版　　次：2023年12月第1版　2023年12月第1次印刷

ISBN 978 - 7 - 5520 - 4271 - 9/D・712　　　　定价：63.00元

版权所有　翻印必究